# 열네 살 진로 학교

일러두기

· 이 책의 내용 및 구성은 서울특별시교육청 구로도서관과 협력하에 진행한 진로 강연을
바탕으로 구성되었습니다.

· 이 책의 본문 내 표현은 국립국어원의 한글맞춤법과 외래어표기법을 따랐습니다.

# 열네 살 진로 학교

김경집 외 9인 지음

데이스타
Daystar

# '나'를 안다는 것은 내가 좋아하는 것과 잘하는 것을 명확하게 인식하는 일

단 한 번뿐인 인생을 살아가면서 누구는 권력, 돈, 명예를 좇고 다른 누군가는 아름다움과 쾌락을 추구합니다. 무엇이 옳다 그르다 혹은 좋다 나쁘다가 아닌, 그게 내 삶의 의미와 가치를 내가 원하는 방식으로 실현할 수 있는 것인가를 틈틈이 물어야 합니다. 끊임없이 스스로에게 묻고 세상에 도움을 구하며 자신의 삶과 길을 찾아야 합니다.

만약 우리 앞에 펼쳐질 미래를 예측하지 못한다면 우리는 수많은 결정을 어떻게 내릴 수 있을까요? 그리고 안정된 삶을 어떻게 살 수 있을까요? 우리는 이상적인 삶을 추구하고 그런 삶을 꾸리기 위해 노력합니다. 그럼 이상적인 삶이란 무엇일까요? 일단 내가 좋아하는 것을 찾아서 그에 맞는 직업을 갖는 것 아닐까요? 그런데 문제는 여기에 있습니다.

"내가 뭐가 되고 싶은지 모르겠어요."라고 말하는 친구들이 많습니다. 그건 다양한 직업군을 몰라서일 수도 있지만, 가장 큰 이유는 '나'를 모르기 때문입니다. 내 삶이 추구하는 의미와 가치를 놓치면 아무리 성공한들 빈 껍데기일 수 있습니다. 무엇보다 가장 중요한 건 정말 내가 원하는 삶은 무엇인가에 대한 질문입니다.

인문학은 내가 누구인지 바라보고 세상을 읽어 내어, 나와 세상과의 관계가 무엇일까 생각하는 학문입니다. 어떤 인간이 좋은 인간인가, 어떤 삶이 가치 있는 삶인가 등에 대해 고민하는 것입니다.

가장 바람직한 삶은 내가 좋아하는 것을 잘해서 좋은 성과를 거두며 행복하게 사는 것이겠지요. 그런데 내가 무엇을 좋아하는지 정확하게 아시나요? 사실 이는 살아가면서 변하고 또 새로 생겨납니다. 그러니 우리는 살아 있는 한 늘 그것을 염두에 둬야 합니다.

삶을 단계적으로 설계한다면 점점 더 나은 미래, 더 행복한 삶, 더 멋진 자신을 실현할 수 있을 겁니다. 그러니 처음에 내가 하고 싶은 걸 못했다고, 내가 지금 당장 잘하는 게 없다고, 공부에서 성공하지 못했다고 포기하거나 좌절하면 안 됩니다.

　내가 공부를 하고 직업을 선택하는 과정에서 끌려가는 게 아니라 끌고 갈 수 있는 사람이 되어야 합니다. 여러분에게 주어진 방식을 따르되 여러분이 자신의 삶의 주인이 되어야 합니다.

　인문학적 성찰은 나와 세상의 관계를 읽어 내고 내가 세상에 묻고 대답을 찾으며 내 자아와 인생의 실현을 주체적으로 마련해 낼 힘을 키워 냅니다. 스스로 묻는 사람이 되세요. 이미 주어진 답은 하나지만 질문은 끝이 없습니다. 그리고 기존의 답은 다른 사람이 만든 것이지만 질문은 바로 '내가' 하는 겁니다. 무수한 질문에 대한 답을 내가 직접 찾아가는 과정에서 우리의 힘은 길러지고 미래를 만들어 낼 수 있을 것입니다. 그게 인문학이 여러분들에게 던지는 불빛입니다. 여러분들의 미래에 밝은 빛이 쏟아지기를 기원합니다.

인문학 · 김경집 교수

차례

# 1장

# 건축학

단순히 건물을
짓는 것만이 아니라,
아름다움을 표현하다

김상태 교수

# architecture

---

**#건축설계자**

**#시공자**

**#실내건축가**

**#프리츠커건축상**

**#건축기획자**

*＊ ＊*

건축이란 집이나 학교, 병원처럼 우리가 생활하는 다양한 건물을 만드는 일을 말합니다. 건물을 설계하는 사람, 직접 짓는 사람, 완성된 건물을 관리하는 사람까지 모두 건축과 관련된 일을 합니다. 이런 일을 하는 사람들을 우리는 '건축가'라고 부릅니다.

'건축'이라는 말은 한자어입니다. 한자로 쓰면 建築건축이라고 합니다. 영어로 architecture 아키텍처, 독일어로 das Bauen 다스 바우엔, 프랑스어로는 construction 콩스트럭시옹이라고 합니다. 각 나라에서 부르는 이름은 다르지만, 건물을 설계하고 짓는다는 뜻은 같죠.

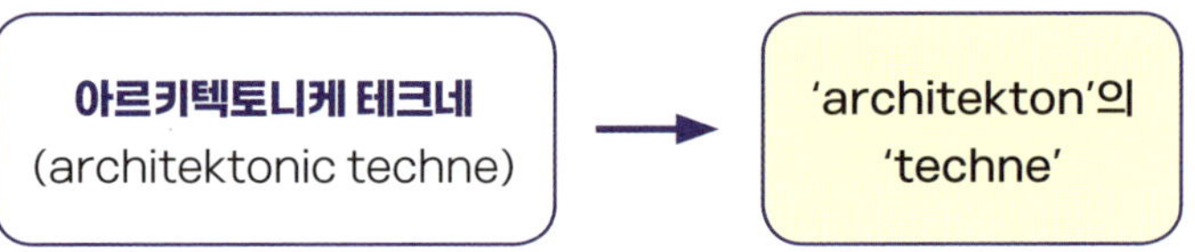


'건축'과 '건축가'라는 말은 언제부터 사용되었을까요? 바로 고대 그리스 시대부터입니다. 지금으로부터 약 3천~4천 년 전, 그리스 사람들은 큰 마당을 중심으로 건물을 짓는 것을 좋아했습니다. 그 건물 중에는 사람들이 모여 함께 이야기하고 토론하는 장소도 있었습니다.

그중 하나가 스토아 Stoa라고 불리는 건물이었습니다. 유명한 철학자 소크라테스와 아리스토텔레스도 이곳에서 토론했다고 합니다. 재미있게도, 이 건물 안에는 물건을 파는 상점도 있었는데, 오늘날 우리가 사용하는 스토어Store라는 단어가 여기서 유래되었답니다. 또한 사람들이 모이는 광장을 아고라Agora라고 불렀는데, 이 단어는 나중에 로마 시대에 포룸Forum으로 바뀌었죠. 그리고 이 아고라를 만들던 장인들을 아키텍톤Architecton이라고 불렀습니다. 이 단어를 나누어 보면 '위대한'이라는 뜻을 지닌 아키Arch, '공방' 혹은 '기술자'라는 뜻을 지닌 텍톤Tecton입니다. 즉, '위대한 기술자'라는 의미가 되어, 오늘날 우리가 말하는 건축가Architect라는 단어로 발전하게 됩니다.

아테네 아고라

# 건축의 역사

여러분은 건축에도 역사가 있다는 것을 알고 있었나요? 오래전부터 사람들은 집과 건물을 지어 왔고, 시대에 따라서 그 모습이 달라지는 것을 확인할 수 있습니다. 우리의 조상들이 건물을 지을 때 가장 중요하게 생각한 것은 바로 한국적인 아름다움, 즉 한국성을 지키는 것이었습니다. 그래서 건물을 지을 때 자연의 모습을 최대한 살리려고 했습니다. 예를 들어 아래 사진과 같이 산의 오목하고 볼록한 부분을 따라 지은 건물을 볼 수 있습니다.

내소사 설선당

미황사 대웅보전

그렇다면 해외 건축물은 어떤 모습일까요?

롱샹 성당 외부                                        롱샹 성댕 내부

위 사진 속 건축물은 르 코르뷔지에가 설계한 롱샹 성당입니다. 르 코르뷔지에는 피카소, 칸딘스키와 함께 3대 입체파 미술가 중 한 명으로 꼽히기도 합니다. 이 건물의 내부를 보면 햇빛이 건물 안으로 들어오면서 마치 그림의 여러 조각을 모아 하나의 건물로 만든 것처럼 보입니다. 이처럼 건축은 미술과 깊은 관련이 있습니다. 건축가는 단순히 건물을 짓는 것이 아니라, 예술적으로도 아름답게 만들려고 노력합니다. 결국 건축은 하나의 큰 미술 작품이라고 할 수 있습니다.

미국의 초고층 빌딩의 아버지라고 일컫는 미스 반 데어 로에라는 긴축가가 있습니다. 그는 "Less is More", 즉 "단순한 것이 더 아름답다."라는 유명한 말을 남겼습니다. 그래서 그의 건축물은 불필요한 장식을 최대한 줄이고, 깔끔하고 단순한 디자인을 특징으로 합니다.

빌바오 구겐하임 미술관, 디즈니 콘서트홀 등 독특한 디자인을 가진 건축물을 설계한 사람으로는 미국의 건축가 프랭크 게리가 있습니다. 그는 동물이나 자연에서 볼 수 있는 독특한 모양을 건축에 적용하는 것으로 유명합니다. 프랭크 게리는 금속과 유리를 활용해 비정형적이고 기하학적인 건축물을 만듭니다. 그래서 그의 건축물은 마치 예술 작품처럼 보이기도 합니다. 프랭크 게리의 건축은 미래지향적이어서 앞으로 우리가 살아갈 세상의 건축을 미리 경험하게 해 주는 것과 같죠.

그러면 우리나라의 건축은 어떻게 이루어졌을까요? 고대 시대부터 현대 시대에 이르기까지 대표적인 건축물을 통해 살펴봅시다.

고대 시대에 지어진 황룡사와 불국사는 시대를 보여 주는 아주 중요한 건축물입니다. 이 두 건물은 왕이 부처님의 힘을 빌려 한반도를 통일하고, 나라를 잘 다스리겠다는 염원을 담아 만든 절입니

황룡사

불국사

다. 6세기에서 8세기는 삼국을 통일하고 나라를 번영시키려는 큰 목표를 가진 시기였습니다. 그래서 그 시대 사람들은 그 염원을 건축으로 표현했습니다. 황룡사와 불국사의 웅장함과 화려함은 통일과 번영을 이루겠다는 왕의 강한 의지를 드러내는 특징이 있죠.

그렇다면 당시 서양은 어땠을까요? 서양에서도 마찬가지로 건물의 규모가 크고 웅장했습니다. 왕들은 자신을 백성들에게 더 크게 보이기 위해 아주 큰 건물을 지었고, 그 대표적인 예가 바로 콜로세움입니다. 콜로세움은 고대 로마에 지어진 원형 경기장으로, 그 크기와 웅장함으로 유명합니다. 이처럼 왕이나 지도자들이 자신의 권력을 과시하기 위해 큰 건물을 만들었습니다.

다음으로, 중세 시대는 우리나라의 고려 시대와 조선 시대 초기에 해당합니다.

다음 사진은 우리나라 사람들에게 가장 아름답다고 손꼽히는 건축물로, 고려 말기와 조선 초기에 지어진 건물입니다. 이때 우리나라는 경제가 조금씩 나아지고 사람들의 생활도 좋아진 시기입니다. 또한 우리나라는 불교 국가로서 당시 세계에서 가장 발전된 불교 문화를 자랑했습니다. 그래서 많은 사찰과 건축물이 이 시기에 지어졌죠.

부석사 무량수전

서울 숭례문

　서양에서는 로마네스크와 고딕 시대가 그 시기였습니다. 이때 가장 중요한 건축물은 바로 교회였죠. 교회를 짓기 위해서는 예배당, 종탑, 세례를 위한 장소, 그리고 묘지까지 만들어야 했습니다. 그중 하나가 바로 노트르담 대성당입니다. 노트르담 대성당은 고딕 시대의 대표적인 교회 건축물로, 그 당시 서양에서는 기독교가 매우 중요한 종교였으며, 종교 건축물을 짓는 데 국가적으로 많은 힘을 쏟았음을 볼 수 있는 건축물입니다.

피사 대성당

노트르담 대성당

결국 서양에서는 기독교, 우리나라에서는 불교가 최고의 종교로 자리 잡고 있었기 때문에 이를 반영한 아름다운 건축물들이 많이 지어질 수 있었습니다.

근세 시대는 우리나라로 치면 임진왜란이 지난 후고, 세계 곳곳에서 많은 전쟁이 일어났던 시기입니다. 이 시기에는 사람들이 병에 많이 걸렸습니다. 특히 페스트라는 질병이 쥐를 통해 퍼져서 유럽의 3분의 1에 가까운 인구가 죽기도 한 시기입니다.

이때 우리나라 건축물은 어떻게 변했을까요? 더 실용적이고 크기가 작아졌습니다. 그리고 내부 장식에 많은 신경을 썼죠. 왜냐하면 살기가 어려워지고 돈이 부족해지다 보니 건물은 작게 짓되, 부족한 화려함을 내부 장식으로 채우기 시작했습니다. 그리고 실용성을 중요하게 생각해서 벽돌을 많이 사용하여 건물을 짓기 시작했습니다. 서양에서도 비슷한 건물들이 많이 지어졌는데, 그중 하나가 르네상스 시대의 산타 마리아 노벨라 성당으로 이탈리아에서 가장 인간적인 규모로 지어진 건축물로 유명합니다. 그리고 바로크 건축의 대표적인 예로는 싱 베드로 대성낭이 있습니다. 이 성당은 외부는 단순해 보이지만, 내부는 화려합니다. 바로크 시대의 건축가들은 내부 장식에 신경을 많이 썼습니다. 자연스레 실내 건축가들이 많이 등장하게 된 시기였답니다.

산타 마리아 노벨라 성당　　　　　　　　성 베드로 대성당

　산업혁명 이후에는 큰 변화가 있었습니다. 철, 유리, 콘크리트가 개발되면서, 사람들은 더 견고하고 안전한 건물을 만들 수 있게 되었습니다. 하지만 이로 인해 많은 건축물이 비슷한 모양과 구조로 지어지게 되었고, 그 결과 사람들은 다시 옛날 건축물의 아름다움을 다시 찾고 싶어 했습니다. 그래서 일부 건축가들은 이전의 건축 스타일로 돌아가려는 시도를 하기도 했답니다.

　현대 시대 건축의 큰 특징 중 하나는 바로 초고층 건물의 등장입니다. 홍콩 차이나뱅크 건물은 초고층 건물 시대를 시작하는 중요한 건축물로 여겨집니다. 이런 초고층 건물들은 건축 자체가 매우 어려운 일이기 때문에, 구조 설계 건축가들이 큰 역할을 하게 되었습니다. 건물의 높이가 높아지면서, 안전하고 튼튼하게 짓기 위해 건축 전문가들의 도움이 필수적이었답니다.
　건축은 사람이 살거나 드나드는 공간을 예술 작품처럼 만드는 것으로 생각할 수 있습니다. 건축은 단순히 집만 짓는 것이 아니라, 아름다움을 더하는 과정입니다. 건축물은 사람이 안전하고 편안하게 머무를 수 있는 공간이어야 하죠. 그래서 건축가는 다음 세 가지를 가장 중요하게 생각합니다.

> 1. 편안하게 머물 수 있는 공간
> 2. 아름다움
> 3. 안전한 공간

이 세 가지를 항상 중요하게 생각하며, 건축가는 끊임없이 공부하고 배웁니다.

## 건축의 목적

건축이 가진 목적은 크게 세 가지가 있습니다. 바로 '구조', '기능', '미'입니다. '구조'는 건물이 안전하고 튼튼하게 지어져, 오래 사용할 수 있도록 하는 기술입니다. '기능'은 건물이 편리하고 다기능을 가질 수 있도록 설계하는 거죠. 예를 들어 한 반에 25명의 학생이 있다면, 그 공간은 25명이 편안하게 사용할 수 있도록 크기와 모양으로 설계합니다. 건축가는 공식과 법칙을 사용해서 적절한 공간을 만들어 냅니다. '미'는 건물이 아름다워 보이는 공간 형태로 만드는 것이고, 우리가 아름답다고 느끼는 건물은 기능이 잘 맞춰져 있기 때문에 자연스럽게 아름답다고 느끼는 겁니다. 예를 들어, 학교는 학생들이 공부하기 좋은 환경으로 만들어져야 하고, 공연장은 예쁘고 편리하게 만들어져야 많은 사람들이 오고 싶어 하겠죠. 이런 점들이 미의 요소입니다.

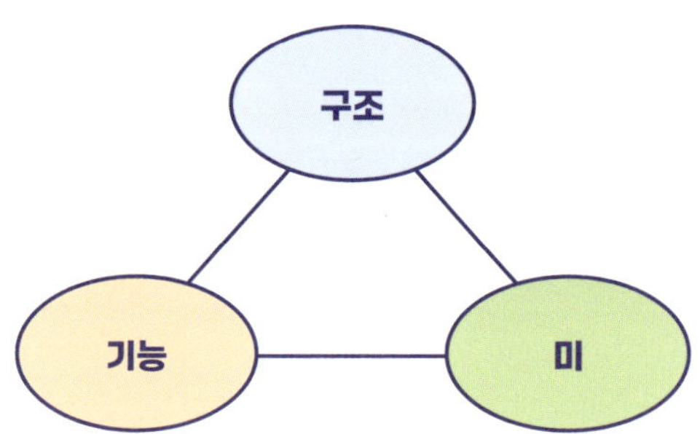


건축과 건물은 무엇이 다를까요? 건축가 앤드루 밸런타인은 이에 대해 자신의 생각을 이렇게 이야기했습니다. 건물은 실용적인 문제를 해결하기 위해 건설되었지만, 그 이상의 역할을 할 때 우리는 그것을 건축이라고 부른다고 합니다. 이는 건축이 문화적 차원을 가지고 있기 때문이라고 하였는데요. 결국 건물과 문화가 건축을 만들어 낸다고 할 수 있습니다.

건축물은 단순히 건물 그 자체를 의미합니다. 하지만 건축은 그 건물을 아름답게 만들고, 편리하게 사용할 수 있도록 하며, 사람들이 내 집처럼 편안하게 느낄 수 있는 문화를 담고 있어야 합니다.

# 건축가의 역할

건축법에서는 건축가를 네 가지 역할로 정의합니다.

첫 번째로, 건물을 짓기 위해 도면을 그리는 사람인 설계자입니다. 설계자는 건물의 크기, 모양, 구조 등을 계획하고 그 도면을 통해 사람들이 어떻게 건물을 지을지 알 수 있도록 도와줍니다. 우리가 일반적으로 떠올리는 건축가는 바로 이 설계자들입니다. 두 번째로, 공사감리사입니다. 설계된 도면을 보고 건물이 잘 지어지는지 확인하는 역할을 맡고 있습니다. 건물을 짓는 동안 문제가 생기기도 하는데, 감리자는 그런 문제를 미리 막거나 해결하는 일을 합니다. 그래서 경험이 많은 사람들이 이 일을 맡고, 재료나 시공 방법에 대해서도 잘 알아야 합니다. 세 번째는 공사시공자입니다. 본격적으로 건물을 짓는 사람들인데, 실제로 설계자가 만든 도면을 바탕으로 건물을 지어 나가는 역할을 합니다. 마지막으로 건축과 관련된 전문기술자격을 가지고 설계자나 공사감리자와 함께 건물을 설계하고 공사를 돕는 사람인 관계전문기술자가 있습니다.

위 네 가지를 정리하면, 건축을 설계 디자인하는 사람들, 디자인하는 대로 공사하는 사람, 공사의 진행 과정을 검사하는 감리자, 그리고 그들과 협력하는 자로 나눠집니다.

# 유명한 건축가들

근대 시대를 대표하는 건축가들을 살펴보면, 한국과 서양에서 각각 큰 영향을 미친 건축가들이 있었습니다.

먼저, 김중업 건축가는 프랑스 대사관과 올림픽 세계 평화의 문을 설계한 유명한 한국 건축가입니다. 그의 건축물들은 기능성과 미학이 조화를 이루며, 현대적이고 세련된 느낌을 주는 특징이 있습니다. 김수근 건축가는 공간사옥과 국립청주박물관을 설계한 인물로, 한국 건축에서 중요한 역할을 했습니다. 그의 건축물은 실용적이면서도 고유한 미적 요소가 돋보입니다.

서양의 건축가 중에서는 프랭크 로이드 라이트가 유명합니다. 그는 낙수장과 뉴욕의 구겐하임 미술관을 설계했으며, 자연과 조화를 이루는 디자인으로 잘 알려져 있습니다. 발터 그로피우스는 바우하우스와 그로피우스 하우스를 설계하며, 현대 건축의 기초를 다진 중요한 건축가입니다. 미스 반 데어 로에는 바르셀로나 파빌리온과 판스워스 하우스를 설계하며, 미니멀리즘 건축의 대표적인 예시를 보여 주었습니다. 르 코르뷔지에는 롱샹 성당과 빌라 사보아를 설계하며, 근대 건축 이론을 발전시키고 실용성과 미학을 결합한 건축물을 많이 만들었습니다. 알바 알토는 파이미오 요양원과 캔틸레버 암체어로 유명하며, 인간 중심의 설계를 중요시한 건축가로 평가받습니다. 루이스 칸은 킴벨 아트 뮤지엄과 솔크 연구소를 설계하며, 건축에서의 공간적 경험을 중시한 작품들을 남겼습니다. 마지막으로 로버트 벤투리는 벤츄리 하우스와 알렌 기념 미술관을 설계하며, 건축에서의 장식적인 요소를 강조한 포스트모더니즘의 대표적인 인물로 일러지 있습니다.

건축가들은 각기 다른 시대와 스타일을 대표하며, 건축 역사에 큰 영향을 미친 인물들입니다. 그들의 작품들은 시대를 초월한 미학과 기능을 결합하여 건축 분야에 중요한 변화를 일으켰습니다.

현대 건축에서도 동양과 서양에서 두각을 나타낸 건축가들이 많습니다.

동양의 대표적인 건축가로는 왕슈가 있습니다. 그는 닝보 박물관을 설계하여 현대 건축의 중요한 아이콘으로 자리 잡았습니다. 그의 건축물은 전통적인 요소를 현대적인 방식으로 재해석한다는 특징이 있습니다. 또한 안도 다다오는 빛의 교회와 본태 박물관을 설계하여 국내에서도 큰 인기를 얻었습니다. 그의 건축은 자연과의 조화를 강조하며, 공간의 질감을 중요시하는 특징을 지닙니다.

서양 건축가 중에서는 마리오 보타가 있습니다. 그는 스타비오 하우스와 서울 리움 미술관을 설계하며, 자연과의 통합을 중요하게 생각하는 건축을 선보였습니다. 프랭크 게리는 디즈니 콘서트홀과 빌바오 구겐하임 미술관을 설계하며, 비정형적이고 혁신적인 형태로 유명한 건축가입니다. 그의 작품은 대담하고 독특한 디자인으로 현대 건축의 경계를 넓혔습니다. 또한 자하 하디드는 아제르바이잔 문화센터와 서울 동대문 DDP를 설계하여 유려한 곡선과 미래적인 디자인으로 건축계를 놀라게 한 인물입니다. 그녀는 여성 건축가로서 건축 분야에서 큰 영향력을 미쳤습니다.

이처럼 동양과 서양에서 활동한 현대 건축가들은 각기 다른 스타일과 철학을 바탕으로 건축계에 큰 변화를 일으키며, 오늘날 우리가 경험하는 건축물을 만들었습니다.

모더니즘 이전 시기에는 문학, 역사, 고고학 같은 다른 분야들이 먼저 발전한 후에 건축이 등장했습니다. 건축은 다른 분야들의 영향을 받아서 발전해 왔죠. 예를 들어, 그 시대의 사상이나 철학은 건축에 영향을 미쳤고, 고고학적인 발굴이 건축 양식에 변화를 가져왔습니다. 건축은 그 시대의 흐름을 잘 담고 있는 거죠.

하지만 포스트모더니즘은 조금 다릅니다. 다른 분야들보다 먼저 시작된 건축 양식입니다. 포스트모더니즘 건축은 기존의 규칙을 깨고, 화려하고 장식적인 요소를 강조합니다. 건축이 단순한 기능을 넘어서 아름다움과 예술적인 느낌을 주려고 한 거죠. 그래서 예전의 단순하고 실용적인 건축과는 달리, 시각적으로 멋지고 감동을 주는 예술로 바뀌었습니다.

현대의 건축은 더 이상 단순히 집을 짓는 것에 그치지 않습니다. 이제 건축은 다양한 문화와 예술을 이끄는 중요한 역할을 하고 있습니다. 시대와 사회의 변화를 반영하면서 건축이 하나의 문화적인 흐름을 만들어 가고 있음을 볼 수 있습니다.

# 건축상

프리츠커 건축상은 건축 분야에서 가장 권위 있는 상으로, '건축의 노벨상'이라고 불리는 상입니다.

프리츠커 건축상을 받은 건축가들의 특징 중 하나는 자신이 속한 나라의 전통적인 요소를 설계에 잘 담아냈다는 점입니다. 그들은 건물을 만들 때 자국의 문화와 역사, 전통을 표현하려고 했죠.

앞으로 중요한 것은, 한국적인 건축을 어떻게 만들어 나갈 것인가 하는 문제입니다. 우리가 가진 전통적인 아름다움과 문화가 현대 건축 속에서 어떻게 살아날 수 있을지 고민하고 표현하는 것이 미래의 한국 건축에서 중요한 과제가 될 것입니다.

# 건축학과

　건축에 관련된 대학교 전공에는 건축학과 건축공학이 있습니다. 두 전공은 비슷한 듯하지만, 교육의 중심이 조금 다릅니다.

　건축학과에서는 건물을 어떻게 디자인할지, 즉 어떻게 아름답고 창의적인 건축물을 만들지에 중점을 두고 배웁니다. 예를 들어, 홍익대학교는 디자인 중심으로 교육을 하는 곳으로 유명하고, 서울대학교는 설계뿐만 아니라 건축공학에도 강점을 가지고 있어 설계와 공학을 모두 배우고 싶어 하는 학생들에게 인기가 많습니다.

　건축학을 전공하면 크게 네 가지 직업군으로 나뉘어 일을 할 수 있습니다. 첫 번째로 건축의 역사나 이론을 연구하는 건축역사·이론·의장 전문가, 사람들이 어떻게 살아가는지, 어떻게 공간을 디자인하면 더 편리할지 연구하고 건물을 계획하는 전문가인 건축계획 전문가, 실세 건물을 설계하는 일을 하여 사람늘이 편리하게 살 수 있도록 건물을 디자인하는 건축설계 전문가, 그리고 건물 안의 공간을 어떻게 아름답고 편리하게 디자인할지 고민하는 실내건축 전문가가 있습니다.

반면 건축공학과에서는 건축물의 안전성과 실용성에 더 중점을 둡니다. 어떻게 튼튼하고 안전하게 지어 오랫동안 사용할 수 있을지에 대해, 공학적인 기술과 원리를 중심으로 교육을 합니다. 건축공학을 전공하면 크게 네 가지 직업군으로 나누어 일을 할 수 있습니다. 건축물이 무너지지 않도록 구조를 설계하는 건축구조 전문가, 건축물이 실제로 지어지는 과정에서 일어나는 문제를 해결하고, 건물이 제대로 지어지도록 관리하는 건축시공 전문가, 건축에 필요한 재료를 연구하고, 가장 적합한 재료를 선택하는 일을 하는 건축재료 전문가, 건축물이 사람들에게 더 나은 환경을 제공할 수 있도록 설계하고 연구하는 건축환경 전문가입니다.

요즘은 목조건축, 즉 나무로 건축하는 경우를 종종 볼 수 있습니다. 나무로 18층 건물을 지을 수 있다는 사실을 알고 있나요? 현대 건축 기술로는 가능합니다. 나무로 건물을 짓는 이유는 바로 저탄소 때문입니다. 나무는 탄소를 흡수하며 자라기 때문에, 건축에 나무를 사용하면 탄소 배출을 줄일 수 있습니다. 나무로 건물을 지으면 환경을 보호하는 데도 큰 도움이 됩니다.

그 밖에도 건축기획·경영 전문가, 건축정책 전문가, 도시·단지 계획 전문가, 한옥 전문가 등이 있습니다.


건축 관련 자격증에 대하여 살펴보겠습니다. 우선 건축설계를 위한 건축사 자격증이 있습니다. 건축사 자격증을 습득하기 위해서는 건축학 인증을 받은 5년제 이상의 대학을 졸업해야 합니다. 건축시공 분야의 자격은 건축기사, 건설안전기사, 건설안전산업기사가 있으며, 다년간의 실무를 가진 전문가가 습득하는 시공기술사가 있습니다.

건축구조 분야의 구조기술사, 건축환경 분야의 건축설비기사와 건축기계설비기술사가 있습니다. 그 밖에는 실내건축기사, 실내건축산업기사, 건축품질시험기술사 등 다양한 전문 자격증 제도가 있습니다.

✳ ✳

건축은 과학, 예술, 수학, 공학, 기후, 자연, 정치, 경제, 사회, 역사 등 모든 것을 망라하는 영역이라고 정의할 수 있습니다. 그렇기에 건축은 하나의 사회적 행위이자 문화로, 곧 삶을 담는 그릇이라고 볼 수 있습니다.

사람이 살아가는 데 필요한 가장 기본적인 필수 조건인 의·식·주 중, '주'는 집을 의미하며, 건축은 바로 그 '집'을 짓는 학문입니다. 집은 우리가 태어나서부터 죽을 때까지 항상 함께하는 중요한 부분이기 때문에 건축은 매우 중요한 역할을 합니다. 그만큼 건축을 공부하는 건축학은 인간의 삶에 깊게 연결되어 있는 학문입니다.

건축학은 단순히 건물을 짓는 것만이 아니라, 아름다움을 표현하고, 사람들의 삶을 안전하고 편리하게 만드는 데 중요한 역할을 합니다. 건축학 안에는 사람들이 살아가는 데 필요한 다양한 분야의 전공이 있어, 각기 다른 꿈을 가진 사람들에게 맞는 길을 제시합니다.

만약 여러분이 아름다운 건축물을 보고 그와 같은 건축물을 디자인하고 싶은 마음이 들거나, 사람들의 삶을 보다 나은 방향으로 이끌 수 있는 공간을 만들고 싶다면, 바로 건축학이 그 꿈을 실현할 수 있는 학문입니다.

# 2장

# 경영학

회사의 경쟁력,
더 나아가 사회 전체를
행복하게 만들다

신형덕 교수

# business administration

#최고경영자

#경영전문가

#공인회계사

#세무사

#노무사

여러분은 '경영'하면 어떤 것들이 떠오르나요? 사회과학 분야의 최고 학문이기도 한 경영학은 회사의 경쟁력에 대해 연구하는 학문이라고 볼 수 있습니다. 회사가 어떻게 하면 장기적으로 이익을 높일 수 있는지에 대해 연구하면서 그와 관련된 여러 분야에 대해 함께 연구하는 학문입니다.

기업을 경영하는 경영자는 돈을 버는 것만이 아니라 사람들, 더 나아가 사회 전체를 행복하게 만드는 것을 추구합니다. 또한 경영학에서 다루는 많은 것 중에는 기업만이 아니라 사람들이 모인 조직에서 일어나는 일 또한 대상으로 합니다. 결국 우리와 밀접하게 관련이 있는 학문이죠.

사람들이 가장 많이 궁금하게 여기는 것 중 하나는 경영학과 경제학의 차이점에 대한 것입니다. 두 학문은 밀접하게 연결되어 있지만 큰 차이가 있습니다. 먼저 '무엇에 대해 연구하는가'입니다. 경제학은 우리가 일상 안에서 필요한 것들이 만들어지고 교환되고 소비되는 모든 과정에 대해 다룹니다. 우리가 필요한 것을 만드는 기업, 그것들을 소비하는 가계, 이러한 과정을 조정하는 정부의 활동에 대해 다룹니다. 이러한 기업, 가계, 정부를 경제의 3주체라고 합니다. 경영학은 그중에서도 경제학의 큰 틀에서 기업에 대한 내용을 깊게 다룬다고 할 수 있습니다. 그렇다고 해서 경영학이 경제학의 일부라는 뜻은 아닙니다. 경영학은 경제학과 다른 학문, 예를 들어 심리학이나 공학, 법학과도 같은 것들이 모두 합하여 구성되기 때문입니다. 그러므로 경영학은 경제학의 많은 원리를 가져왔지만 다른 학문의 원리들과 결합해서 기업의 성장과 발전에 사용할 수 있는 독특한 영역을 만들었다고 할 수 있습니다.

## 경영학의 목적

세부적으로 경영학에서는 '기업이 어떻게 하면 더 발전할 수 있는가, 우리를 어떻게 더 행복하게 할 수 있는가'에 대해 다룹니다. 우리가 알게 모르게 기업은 중요한 일을 많이 하고 있습니다. 어쩔 수 없이 국가가 나서서 직접 하는 경우도 있지만 대부분의 경우에는 기업이 하죠.

먼저 자전거의 가격을 생각해 볼까요? 어떤 자전거는 수천만 원이 넘을 정도로 비싸기도 합니다. 맞춤형으로 제작되는 자전거의 경우에는 높은 가격일 수 있습니다. 사람의 신체에 맞춰서 제작되고 시간이 지나면 다시 수정 제작이 되기도 합니다. 고객에게 맞춰서 물건을 제작하는 일, 이것이 바로 기업이 하는 일입니다.

자동차의 경우에도 가격이 천차만별입니다. 여기에서는 자동차의 성능과 디자인이 문제가 됩니다. 어떤 사람들은 기본적인 기능을 가진 적당한 가격의 자동차를 좋아하지만 또 다른 사람들은 아무리 비싸도 특별한 것을 중요하게 여기기도 합니다. 그 경우에는 대부분 성능보다는 시각적인 멋, 미감을 더 높은 기준으로 삼기 때문입니다.

기업은 사람들이 원하는 것을 적절한 가격에 맞춰서 만들어 파는 일을 합니다. 그리고 그 이익에 따라 국가에 세금을 내어 국가가 사람들에게 필요한 여러 일을 할 수 있도록 합니다.

기업은 이 과정에서 어쩔 수 없이 서로 경쟁을 하게 됩니다. 무엇보다 좋은 품질로 만들어야 하는 것이 중요합니다. 만약 품질이 비슷하다면 더 낮은 가격으로, 품질이나 가격이 비슷하다면 더 멋진 디자인으로 만드는 것이 좋겠지요. 그리고 이러한 모든 일을 하기 위해서는 우수한 직원이 모여 있어야 합니다. 우수한 직원을 모집하기 위해서는 높은 임금이나 좋은 대우를 해 줘야 하며, 적합한 직장 분위기를 만들어야 합니다.

하지만 아무리 좋은 제품을 만들고 있고 우수한 직원이 있다고 해도 전 세계적인 불황에 빠지거나 자연재해를 겪게 되면 일시적으로 위험한 처지에 빠질 수도 있습니다. 회사가 수출을 잘해도 환율 변동 때문에 큰 손해를 볼 수 있으므로 이런 위험에도 대비해야 합니다. 이러한 위험에 빠지지 않으려면 장기적으로 미래를 예측하고 위험에 미리 대처하는 최고 경영자의 능력이 필요하기도 합니다.

# 경영학의 분야

회계는 크게 두 가지의 일을 합니다. 먼저 회사의 어느 시점에 재무적 상태가 어떤가를 보여 줍니다. 여러분도 용돈을 받아서 쓰다 보면 얼마나 남아 있나 궁금할 때가 있죠? 수많은 사람이 함께 일하는 큰 회사에서는 남은 자금을 파악하는 것이 매우 어려울 수 있습니다. 그리고 어느 기간에 기업이 얼마나 벌었나 보여 줍니다. 예를 들어 1월 1일부터 12월 31일까지의 얼마를 벌었나를 알기 위해서는 제품을 팔아서 받은 돈에서 그것을 만들기 위한 재료비와 인건비 등을 차감해서 이익을 계산하게 됩니다. 여러분이 만약 사과를 사서 사과 주스를 만들어 판다고 하면 주스를 판매한 금액에서 사과를 사 온 값을 차감하면 이익을 계산할 수 있겠지요.

그런데 어쩌면 쉬워 보일 수 있는 이러한 회계 활동이 복잡해지기도 합니다. 어떤 경우에는 사과의 가격이 자주 바뀌기도 하고, 사과가 상해서 버려야 할 때도 있기 때문입니다. 또 어떤 손님들은 외상으로 주스를 사 갈 때도 있습니다. 이러한 복잡한 상황들은 재무적 상태에도 영향을 미치고 이익에도 영향을 미칩니다. 회계는 기업의 기본적인 정보를 보여 주는 중요한 분야입니다.

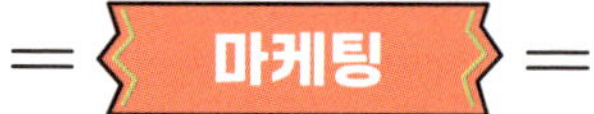


마케팅이란 쉽게 이야기하면 물건을 잘 파는 방법을 찾는 분야를 말합니다. 마케팅을 잘하면 물건을 잘 팔고 있다고 평가하죠. 그러면 잘 팔기 위해 무엇을 만들어야 할까요? 무엇보다 소비자가 원하는 것을 만든다는 점이 가장 중요합니다. 그리고 물건을 알리는 광고를 하기도 하고, 적당한 가격을 붙여야 합니다. 최종적으로 소비자에게 잘 전달될 수 있도록 유통을 합니다.

소비자에게 팔릴 만한 제품을 만들고, 적절한 가격을 붙이고, 효과적으로 광고하고 전달하는 과정을 잘하기 위해서는 소비자의 니즈를 조사해야 합니다. 니즈란 소비자가 원하는 것을 말합니다. 예를 들어 아기를 키우는 집과 아기가 없는 집에서는 생활 방식이 매우 다를 것입니다. 환경 보호를 중요하게 생각하는 사람과 품질을 가장 중요하게 여기는 사람과 가격을 가장 중요하게 생각하는 사람은 물건을 사는 방식이 매우 다를 수 있습니다. 이렇게 다른 생활 환경이나 사고 방식을 가진 사람들은 원하는 제품, 가격, 광고, 전달 방식이 다를 것이기 때문에 이런 것들에 대해 조사를 해야 합니다. 요즘에는 소비자의 빅데이터를 조사해서 많은 정보를 쉽게 구할 수 있습니다.

## 재무 관리

재무 관리란 회사의 자금을 관리하는 활동을 말합니다. 재료를 사거나 월급을 줄 자금이 부족한 회사는 필요한 자금을 은행이나 투자자로부터 조달해야 합니다. 반대로 자금이 많은 회사는 가지고 있는 자금을 통해 더 많은 이익을 낼 수 있도록 투자를 할 수 있습니다. 즉 필요한 자금을 구해 오거나 가지고 있는 자금을 잘 활용하는 활동을 하는 분야가 재무 관리입니다.

회사는 은행이나 다른 금융기관으로부터 자금을 대여할 수 있는 대신 이자를 내야 합니다. 그런데 모든 기업에게 이자율은 똑같지 않습니다. 따라서 다양한 조건에서 가장 저렴한 이자를 지불하는 방법을 찾게 됩니다. 그리고 투자자를 찾는 방법도 있습니다. 투자를 받으면 그 대신 회사의 소유권을 일부 주게 됩니다. 가지고 있는 자금을 투자하는 방법도 다양합니다. 부동산을 구입할 수도 있고 다른 기업을 매수할 수도 있습니다. 이러한 모든 활동에 있어서 예상되는 수익을 계산해서 다른 방법과 비교해야 합니다.

## 인사 관리

인사 관리란 회사에서 함께 일할 직원에 대한 모든 활동을 말합니다. 여기에도 매우 다양한 활동이 포함됩니다. 먼저 훌륭한 사람들을 모집해야 합니다. 훌륭한 사람들은 머리가 좋거나 능력이 뛰어난 사람들만을 말하지 않습니다. 회사가 각각 가지고 있는 분위기, 즉 조직 문화에 맞는 사람들을 채용해야 회사도 잘되고 직원들도 행복합니다.

또한 채용된 사람들이 회사 내에서 일할 때 공정하게 대우받아야 합니다. 그러기 위해서는 공정한 규칙을 만들어야 합니다. 일의 성과를 평가하는 방법이나 그에 따른 승진이나 급여 인상 등이 공정해야 합니다.

## 운영 관리

운영 관리는 일을 하는 방식을 효율적으로 만드는 것에 대한 활동입니다. 예를 들어 자동차를 만드는 공장을 생각해 봅시다. 예전에는 사람들이 움직이면서 자동차를 조립했지만, 벨트를 따라 자동차가 움직이면 사람들이 일하는 방식이 고안되면서 효율성이 크게 오르게 되었습니다. 그런데 시간이 흐르자 종일 똑같은 동작을 반복하면서 사람들의 피로도가 높아졌고, 오히려 효율성이 저하되었습니다. 일하는 즐거움이나 성취감이 없어지게 된 것입니다. 그러다 보니 사람들의 피로도를 낮추기 위한 방법으로 조명도 밝게 하고, 아주 단순한 동작들은 로봇이 하게 되었습니다. 최근에는 사물 인터넷이 사용되면서 불량률을 크게 줄일 수 있게 되었습니다. 이러한 활동에 대한 분야가 운영 관리 분야입니다.

## 국제 경영

국제 경영은 회사의 업무가 여러 나라에 걸쳐 있을 때 필요한 것을 연구하는 분야입니다. 다른 나라에서 경영을 하기 위해서는 법이나 종교나 언어 등 지역 문화의 차이에 따른 어려움을 극복해야 합니다. 국제 경영은 이러한 어려움에 대처하고 새로운 기회를 발견하는 법을 다룹니다.

명시적으로 정해진 법도 중요하지만 사람들이 은연중에 지키는 관습도 중요합니다. 종교나 언어, 생활 습관 등은 이러한 지역 문화를 구성합니다. 문화에 적응하지 못한 경영 방식은 그곳 사람들의 외면을 받게 됩니다.

외국에서 업무를 하지 않는 회사라 하더라도 국제 경영은 중요합니다. 많은 외국 기업이 우리나라에서 활동하고 있기 때문에 이러한 기업들과 경쟁하기 위해서는 국제 경영을 잘 이해하고 있어야 합니다. 예전에는 외국에서 경영 활동을 하는 것이 어려운 일이었지만 최근에는 인터넷 거래나 자동 번역 기능의 발달로 인해 국제 경영과 국내 경영의 차이가 크게 줄었습니다.

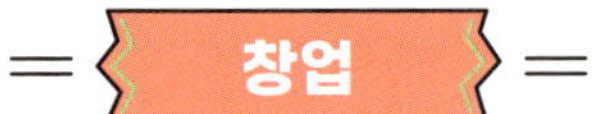


창업은 새로운 기업을 만들어서 운영하는 것입니다. 예전에는 창업에 대해 위험 부담을 크게 느끼는 사람이 많았지만, 지금은 비교적 평범하게도 도전할 수 있는 분야로 여겨지고 있습니다. 특히 미국의 경제를 이끄는 주요 대기업이 알고 보면 비교적 최근에 창업한 기업이라는 점은 국가 경제에 있어서 창업의 중요성을 보여 주고 있습니다. 메타나 구글, 아마존, 애플, 엔비디아 등은 비교적 최근에 창업되어 급속히 성장한 기업들입니다. 기업 가치가 1조 원이 넘는 신생 기업을 유니콘 기업이라고도 합니다.

경영 전략

경영 전략은 기업의 장기적인 성공 방식에 대해 연구하는 분야입니다. 쉽게 말하자면 회사의 최고 경영자, 즉 CEO가 최종적으로 결정을 내리는 것에 대해 다룹니다. 회사에는 CEO 외에 다른 경영자들도 있습니다. 앞에서 다루었던 마케팅, 재무, 인사, 운영 분야에는 각각 CMO, CFO, CHO, COO 등으로 불리는 경영자들이 존재합니다. CEO는 이들로부터 보고를 받고 기업의 중요한 사안에 대해 최종적으로 결정을 내립니다.

예를 들어 기업이 다른 기업을 합병한다고 할 때, 이 결정을 내리기 위해서는 다양한 일들을 검토해야 합니다. 세계 시장에서 마케팅 분야에 이득이 되는지, 재무적으로 문제가 되지는 않는지, 합병 후에 인사 정책은 어떠해야 하는지, 합병된 기업의 운영 과정은 어떠할 수 있는지 등을 종합적으로 검토해야 합니다. 이러한 기업의 장기적인 경쟁력과 관련된 사항들을 다루는 분야가 경영 전략입니다.

# 경영학이 중요한 이유

　기업이 경영을 잘하지 못해서 폐업하게 되면 직원들은 직장을 잃게 됩니다. 신속하게 다른 곳으로 옮길 수 있으면 다행이겠지만 그러지 못하면 직원들은 개인적으로 어려움을 겪게 됩니다. 이렇게 경영 문제로 폐업하는 기업이 많은 나라는 경제적인 어려움을 겪게 되고 큰 불행에 빠지기도 합니다.

　우리나라에서 삼성이나 현대와 같은 큰 기업들이 어려움에 빠져서 직원들을 해고해야 한다면 그 기업에서 일하는 사람들뿐만 아니라 그 기업과 관련된 다른 기업에서 일하는 사람들도 어려움을 겪게 됩니다. 즉 기업의 불행은 국가의 불행과도 연결될 수 있습니다.

　그러나 그 반대의 경우를 생각해 봅시다. 기업이 소비자에게 제품을 판매하기 위해 기술 개발에 투자하고 새로운 제품을 개발하면 그 편리함과 즐거운 생활 방식은 소비자들이 누리게 됩니다. 사실 기업은 스스로 돈을 벌기 위해 노력했을 뿐이지만 그 이득은 모든 소비자들에게 돌아간다는 것입니다. 이처럼 기업은 우리의 생활을 행복하게 만드는 일을 하고 있다고 볼 수 있습니다.

예를 들어 우리 일상에서 뺄 수 없는 휴대 전화를 생각해 볼까요? 아이폰을 생산하는 애플은 스티브 잡스라는 경영자가 세운 기업입니다. 스티브 잡스는 사람들이 기존에 사용하던 휴대전화를 크게 바꾸어서 애플리케이션을 사용할 수 있는 스마트폰을 2008년에 새로 만들었습니다. 그는 애플 사의 이익을 높이기 위해 새로운 제품을 만들었지만 그 결과 많은 사람들은 2008년 이전과는 크게 다른 생활 방식을 갖게 되었습니다. 지금 우리가 스마트폰을 통해 누리고 있는 편리함은 한 기업의 경영자가 만들어 낸 새로운 생활 방식입니다.

두 번째 예로는 기업가 일론 머스크입니다. 그는 석유 엔진을 사용하는 자동차에 투자하는 대신 전기차 기술을 발전시키는 것에 집중했습니다. 기술 개발에만 힘을 쓴 것이 아니라 사람들이 전기 자동차를 바라보는 인식을 바꿀 수 있도록 디자인과 사용 방식의 편리함에도 신경을 썼습니다. 그가 세운 테슬라가 사람들에게 관심을 받게 되면서 다른 자동차 회사들도 석유를 사용하는 자동차와 함께 전기차 생산에도 노력을 기울이게 되었습니다. 이것은 환경을 보전하는 하나의 방식으로도 인정받게 되었습니다. 일론 머스크는 테슬라만을 만든 것이 아니었습니다. 인공위성을 지구 대기권에 촘촘하게 띄워서 바다나 공중에서도 인터넷을 사용할 수 있도록 하는 사업도 하고, 예전에는 정부가 독점적으로 해 왔던 우주 발사체를 띄우는 사업도 하고 있습니다. 이러한 새로운 일들은 사람들의 관심과 투자를 받아서 빠르게 진행할 수 있기 때문에 개인보다는 기업을 통하는 것이 훨씬 더 효과적입니다.

새로운 서비스를 개발해서 우리의 편리함을 높여 준 기업도 많이 있습니다. 제프 베조스가 세운 아마존이라는 기업은 우리가 물건을 구매할 때에 직접 상점에 가지 않고 온라인으로 구매할 수 있도록 했습니다. 그 덕분에 우리는 시간을 들이지 않고도 여러 제품을 비교하여 구입할 수 있게 되었지요. 영화 보는 방식도 마찬가지입니다. 넷플릭스가 없던 시절에는 영화 비디오를 대여하기 위해 상점에 가야 했지만, 이 기업이 나타난 다음부터 우리는 온라인으로 쉽게 영화를 관람할 수 있게 되었습니다. 이처럼 많은 기업은 새로운 제품이나 서비스를 개발하고 선보여 소비자들의 생활 방식을 훨씬 더 편리하게 바꾸는 데에 기여했습니다.

결국 기업이 경영을 잘하면 그 기업과 직원들에게 좋은 일이지만 국가 경제나 일반 소비자들에게도 모두 도움이 됩니다. 기업들 사이의 경쟁이 사회 전체의 이익으로 연결되는 것이지요. 이것이 경영학이 중요한 이유라고 하겠습니다.

# 경영학과 진로 방향

그렇지만 우리가 경영학을 공부하는 이유가 오직 기업을 이끄는 최고 경영자가 되기 위한 것은 아닙니다. 경영학을 전공할 때의 진로는 크게 두 가지로 나뉩니다. 한 가지는 경영과 관련된 전문가가 되는 것이고, 두 번째는 다양한 조직에서 경영자가 되는 것입니다. 기업의 최고 경영자는 두 번째의 영역이라고 할 수 있겠습니다.

먼저 첫 번째의 영역, 즉 경영학과 관련된 전문직은 매우 많습니다. 기업의 재무적 상태를 공식적으로 확인해 주는 공인회계사, 세금 업무를 담당하는 세무사, 국경을 넘는 물품의 관세 업무를 담당하는 관세사, 인사와 관련된 업무를 담당하는 노무사, 그리고 경영의 다양한 문제를 다루고 제안해 주는 컨설턴트 등이 있습니다. 대체로 이러한 전문 직종은 업무의 중요성을 인정받아 높은 보수를 받습니다.

두 번째 영역은 경영을 이해하는 다양한 조직에서 자리를 잡는 것입니다. 일반 제조업 기업에 입사하면 앞에서 설명했듯이 오랜 경험을 쌓으면서 CMO, CFO, CHO, COO 등으로 일하거나 궁극적으로 CEO가 됩니다. 좋은 직장에 취업하기 위해 인턴을 하는 경우가 일반화되고 있는데 본인이 일하고 싶은 분야의 경험을 갖는 것이 매우 중요합니다. 즉 회사에서는 위에서 설명했던 마케팅, 재무, 인사, 운영 분야의 인턴 경험을 보면서 채용을 하게 되는데 이러한 인턴 경험을 쌓기 위해 각 분야에서 무엇을 하는지에 대해 경영학을 통해 공부하는 것이 매우 중요합니다. 사실 이러한 이유로 인해 일반 기업에서는 경영학 전공자들을 가장 선호하고, 그 때문에 대학교에서도 경영학 전공에 가장 우수한 학생들이 지원하는 현상을 볼 수 있습니다.

일반 제조업이 아닌 금융 기업이나 국제 기구에서 성장할 수도 있습니다. 외국 기업으로 취업하는 경우도 늘어나고 있기 때문에 외국어 공부를 열심히 해야 합니다.

＊ ＊

경영학은 일반적으로 문제 해결에 대한 학문입니다. 개인이나 조직이 당면하는 문제를 발견하고 그 문제를 해결하기 위한 다양한 대안을 세우고 실행하는 방법을 찾는 학문입니다. 최고 경영자가 하는 일이 바로 그런 것입니다. 목표를 세우고 그 목표를 달성하기 위한 방법을 찾는 것입니다. 이것이 바로 경영학이 추구하는 것입니다. 이것은 기업에만 해당되는 것이 아니라 우리 가정과 학교, 국가에도 해당됩니다.

여러분이 이루고 싶은 목표가 있다면 경영학에 등장하는 개념을 적용해 보기 바랍니다. 그 일에 대해 어떻게 사람들이 관심을 갖게 할 수 있을까(마케팅), 필요한 자금을 어떻게 구할 수 있을까(재무), 함께 일할 사람들을 어떻게 모을 수 있을까(인사), 주어진 시간과 자원을 어떻게 효율적으로 사용할 수 있을까(운영), 그리고 장기적으로 어떤 성과를 거둘 수 있을까(전략)에 대해 알아보고 싶다면 여러분은 경영학이 필요한 사람입니다. 그리고 그러한 목표가 여러분의 직업까지 연결되는 것이라면 여러분은 경영학을 전공하게 될 것입니다. 물론 여러분이 경영학에 관심이 있다고 해서 모두 경영학을 전공할 필요는 없습니다. 경영학을 전공하든 하지 않든 경영학의 원리에 대해 관심을 갖고 공부한다면 일상생활의 여러 면에서 큰 도움을 받을 수 있을 것입니다.

# 3장

# 정치외교학

정치를 바라보는
균형적인 사고가
좋은 정치인을 만든다

박요한 교수

# political and international studies

#정치인

#법조인

#외교관

#국제기구

#시민단체

# 정치외교란 무엇일까

정치는 무엇일까요? 나와 동떨어진 이야기 같고 재미도 없다고 느끼지만, 정치는 우리 삶에 엄청난 영향을 미칩니다. 정치외교학은 정치를 연구함으로써 어떤 문제가 발생했을 때 해결 방안과 나아갈 방향을 제시하는 학문입니다.

서양에서의 정치란 언제 누가 무엇을 어떻게 왜 가져가고 나눠야 하는지에 대한 문제를 말합니다. 동양에서는 서로 도움을 나눠야 한다는 시각으로 보았습니다. 도덕적으로 바르게 하고 물질적으로 풍요롭게 하는 것을 말했죠. 종합적으로 이야기한다면 희소가치의 권위적 배분이라고 할 수 있습니다. 여기서 말하는 가치란 무엇일까요? 가치에는 물질적 가치와 비물질적 가치가 있습니다. 물질적 가치란 우리가 물질로 기준을 잡고 판단할 수 있는 것이고, 비물질적 가치란 물질로 가늠할 수 없는 어떠한 귀중한 것을 말합니다. 이들은 나에게 소중한 것의 값을 매기는 기준이 어떤 것인지에 따라 나뉩니다. 가치를 나눌 때에는 공평하게 나눠야 합니다. 이는 곧 배분을 뜻하는데, 정치에서도 정책을 만들어 배분을 합니다. 그래서 우리는 그 정책이 마음에 안 들면 국민이 선거 때 투표로 정치인을 바꾸려고 하기도 하죠.

정치외교학은 전체적으로 이런 것을 배우는 학문입니다. 인간은 항상 예측하고자 하지만 항상 틀리기 마련입니다. 그러다 보니 효율로만 따지기엔 사회가 제 기능을 잘하지 못하게 됩니다. 그러므로 정당성이 함께 중요합니다. 무엇이 정당한가 그리고 효율적인가 함께 고민합니다.

아직 투표권은 없지만 잠재적 유권자인 청소년에게 정치란 무엇일까요? 유권자는 자신의 이해관계를 표출하고 정치인은 이를 반영합니다. 유권자 저마다 바라는 것이 다를 수 있기 때문에 정치인은 이를 잘 조율해야 합니다. 이 조율하는 과정이 정치권 밖에서 볼 때는 싸움이 끊이지 않는 것처럼 보일 수 있습니다.

모두가 이익을 표출하는데 이익은 다 다르기 때문에 내가 큰 이익을 얻고자 하면 다른 이의 이익이 작아질 수밖에 없습니다. 이런 이해관계의 차이로 다툼이 일어나게 되고, 그게 정치 체계에 들어가면 정책으로 나와서 다시 우리 삶에 영향을 미치게 되는 것이죠.

헌법 제1조를 보면 대한민국에 대한 정의가 있습니다. "대한민

국은 민주공화국이다.” 공화국은 어떤 국가를 말하는 것일까요? 공화국은 한마디로 국민의 이익을 대표하는 나라라는 뜻입니다. 국가 자체와 국가의 모든 정책은 궁극적으로 국민의 생명과 자유, 안녕과 복지라는 목적을 위한 수단이어야 한다는 원칙을 갖는 국가를 말합니다.

정치는 자신의 이익을 표출하는 것이고 정치인은 국민들의 이익을 위한 정책을 만들어 내는 사람입니다. 그런데 우리의 이익을 위한 것이 늘 좋은 것만 있을까요? 정치인들의 모습을 보면 우리 국민들의 이익을 관철시키기 위해 싸우는 것이 아니라 본인의 이익을 위해 싸우기도 합니다. 이러한 상황은 두 가지의 원인으로 볼 수 있습니다.

첫 번째, 나쁜 정치인입니다. 정치인은 기본적으로 지배력이 있고 권력욕이 강합니다. 그래서 자신의 존재감을 드러내고 싶어합니다. 자신만이 특별하고 자신의 목소리로 무언가를 이뤄서 누리고자 하는 사람들이 있습니다. 일은 하기 싫은데 이익은 얻고 싶은 사람들이죠. 두 번째는 나쁜 소식들이 사람들의 이목을 더 끈다는 점입니다. 이를 공포 본능이라고 정의합니다. 안전한 것은 지루하고 위험하고 나쁜 것은 집중도를 높입니다. 사람들은 공포라는 자극에 익숙해져 있고, 그렇기 때문에 웬만한 정치적 사건에는 무관심하게 되죠. 정치적 무관심은 결국 유권자를 정치에서 멀어지고 무기력하게 만드는 정치소외로 이어집니다. 정치적으로 소외가 되니 권력이 있는 사람들끼리 결정을 하고 일을 하게 되는 것입니다.

# 좋은 정치인이란

그렇다면 우리는 좋은 정치인이란 어떤 정치인을 말하는 것인가에 대해 고민할 필요가 있습니다. 정치가 끊임없이 내 삶에 영향을 미친다는 것을 깨닫고 관심을 가져야 합니다. 여기서 좋은 정치인이란, 최선을 다해 국민의 복지, 발전, 안전, 치안, 인권, 자유를 지키고 신장하기 위해 노력하는 정치인을 말합니다.

대통령 임기가 끝난 뒤에도 사회적으로 여러 일에 힘쓰는 미국 전 대통령 오바마에게 누군가 왜 이렇게 열심히 하냐고 질문을 했다고 합니다. 그 질문에 오바마는 "내가 지금 열심히 하는 게 대통령이었을 때와 현재, 그리고 미래에 대해서도 똑같다. 미래 세내가 더욱 안전하고 평화롭고 행복하게 살아갈 수 있도록 계속해서 힘쓰고 싶다."라고 대답했다고 합니다.

정책을 만들 때 당장 눈앞의 이익뿐만 아니라 미래에도 좋은 영향을 가질 수 있는 정책을 만드는 정치인이 좋은 정치인이라고 할 수 있겠습니다. 그럼 좋은 정치인이 많이 생기길 바라며 우리가 할 수 있는 일은 무엇이 있을까요? 우리는 공포 본능을 극복해야 하고 자극적인 것만 추구하면 안 됩니다. 합리적이고 비판적인, 창의적 사고를 길러야 합니다. 그리고 정치에 대한 기본 학습이 된 채로 투표에 꼭 참여해야 합니다.

# 정치외교학의 분야

정치외교학은 무엇을 공부하는 학문일까요? 정치학은 비교 정치, 국제 정치, 정치 사상, 정치학 방법론 이렇게 네 가지 분야로 나뉘어집니다.

## 비교 정치

비교 정치는 각 나라별 정치의 차이점과 유사점에 대해서 비교해서 정치·경제·사회적 요소는 무엇일까 공부하는 분야입니다. 아래와 같은 질문을 던질 수 있습니다.

> Q. 각기 다른 경제, 사회, 문화, 역사 등이 어떻게 다른 정치적 결과를 낳는가?
>
> Q. 각기 다른 정치 제도와 형태가 어떻게 다른 경제, 사회, 문화적 영향을 끼치는가?
>
> Q. 민주주의는 지속적인 경제 발전에 어떤 영향을 미치는가?
>
> Q. 경제적 불평등과 사회적 차별은 테러리즘, 내란, 내전 등과 같은 폭력 사태에 어떤 영향을 미치는가?

## 국제 정치

국제 정치는 국가끼리의 관계를 공부하는 분야입니다. 국가끼리의 권력 관계와 그에 따른 상호 작용을 공부합니다. 여기서 생기는 분쟁의 예로는 무역 분쟁, 군사 충돌, 전쟁 등이 있습니다.

군사 동맹에는 분쟁과 협력이라는 두 가지 개념이 녹아 있습니다. 한미 군사 동맹 들어 보셨나요? 이는 만약 다른 나라가 우리나라를 침략하면 미국이 자국의 군대를 개입시켜서 우리나라를 도와준다는 개념의 동맹입니다. 동맹국끼리는 협력 관계가 되는 겁니다. 그래서 기본적으로 우리 공동의 적을 향해 분쟁의 잠재력을 염두에 두고 맺는 협력이라고도 할 수 있습니다.

국제 정치는 국가끼리는 왜 전쟁을 하는가, 왜 협력을 하는가에 대한 걸 공부하는 분야라고 할 수 있겠습니다. 협력을 어떻게 증진하는가는 무역을 많이 하고 서로의 국제기구에 가입하고 지구 공동의 문제를 함께 해결하고자 하다 보면 자연스레 형성된다고 할 수 있습니다. 오늘날엔 거의 전쟁을 하지 않지만, 불과 수십 년 전까지만 해도 세계의 많은 사람들이 전쟁으로 죽었습니다. 이 변화를 통해 인류가 국제 관계를 평화롭게 발전시켜 왔음 또한 알 수 있습니다.

Q. 왜 국가끼리 전쟁을 하거나 협력을 하는가?

Q. 국내 정치, 경제, 사회적 요인이 국제 관계에 미치는 영향은 무엇인가?

Q. 군사 동맹을 맺은 국가끼리는 전쟁을 덜할까?

Q. 군사적 이해 관계가 국제 무역에 어떤 영향을 미치는가?

## 정치 사상

정치 사상은 무엇이 옳은 것인가에 대한 질문과 답을 계속해서 던지는 분야입니다. 무엇이 본질이고 부끄럽지 않은 일인가 등의 질문들을 계속 생각하다 보니 자유와 평등, 정의라는 개념이 들어왔습니다. 무엇이 옳고 무엇이 옳지 않은지에 대해 끊임없이 질문을 던지다 보니 좋은 법과 제도 또한 생겨나게 됐습니다.

> Q. 불평등은 무엇인가? 어떤 정치·경제·사회 제도적 장치로 완화 또는 철폐할 수 있을 것인가?
>
> Q. 국가의 폭력 사용은 정당화될 수 있는가?
>
> Q. 기본 소득의 정치 철학적 정당성은 무엇인가?
>
> Q. 어떤 정치 체제와 법 제도가 더 바람직한가?

## 정치학 방법론

정치학 방법론은 특정 학문의 영역을 말하는 게 아니라, 앞선 세 분야를 어떻게 공부해야 할지에 대한 연구 분야입니다. 정치를 효율적이고 정확하게 연구할 수 있게끔 도와주는 방법론입니다. 기본적으로 무엇이 중요한 문제인가를 알아내고, 그 문제에 대한 해답을 논리적으로 생각하고 글로 표현하는 것입니다. 이게 연구 결과입니다.

정치외교학은 모든 인간 사이 상호 작용의 기본이 되는 영향 관계와 그 작용을 배웁니다. 친구와 친구 사이에도 미묘한 권력 관계가 있듯이 관계는 모두 서로 영향을 주고 받습니다. 그래서 우리에겐 지식 체계의 핵심인 철학·과학·수리·비판·창의적 사고 능력이 필요한데, 정치학에는 이 모든 게 기본적으로 전제되어 있습니다. 종합적 사고 능력을 가진 다재다능한 멀티플레이어와 같죠.

다양한 이슈에 관심이 많아야 하고, 언어 능력이 뛰어나면 훨씬 유리합니다. 예측 불가능한 사회 속에서 살아가려면 종합적인 사고와 유연한 대처 능력이 필요합니다.

# 정치외교학과의 진로 방향

일반 회사, 종합상사, 금융 투자, 미디어뿐만 아니라 공사 및 공기업 등 다양한 회사로 취업할 수 있습니다. 공무원, 법조인, 외교관, 연구원, 교수, 정치인 등이 되기도 하고, 국제기구 또는 시민 단체에서 일을 하기도 합니다. 방송과 예능 분야에서 진행자, 작가, PD 등으로 활약하는 정치외교 전공자들도 상당히 많이 있습니다.

# 미디어

타인에 대한
호기심을 바탕으로
무언가를 전달하는 사람

김보미 기자

# media

#방송기자

#취재기자

#언론고시

#언론사

#신문사

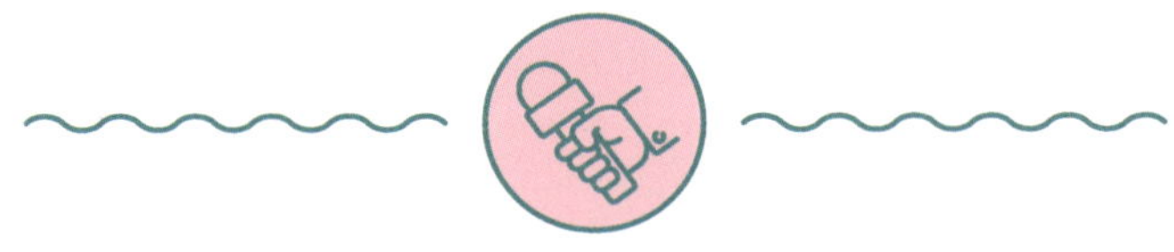

# 미디어란 무엇인가?

제가 처음 기자가 된 2000년대 중반에서 약 20년이 흐르는 동안 한국의 미디어 환경은 많이 변화했습니다. 기사에 대한 독자들의 반응이나 정보를 소비하는 방식도 달라졌습니다. 여러분들에게 '기자'는 어떤 사람인가요? 가장 먼저 떠오르는 장면이나 이미지는 어떤 것인가요?

기자로 일하면서 가장 재미있는 점은 국내외 여러 곳을 취재를 위해 다니면서 다양한 사람들을 만난다는 것입니다. 취재란 어디든 가서 누구든 만나는 일입니다. 그곳에서 보고 들은 것을 글로 정리해 기사를 쓰는 게 신문 기자의 역할입니다. 그래서 독자들은 기사라는 미디어를 통해 세상을 만납니다. 기사를 보고 사람들이 새로운 사실을 알게 되고, 사회에 관심이 필요한 부분을 깨닫게 될 때 기사를 쓴 기자는 보람을 느낍니다. 이를 통해 아무도 신경 쓰지 않았던 문제가 해결되거나 긍정적인 변화가 생긴다면 뿌듯한 마음이 한층 더해집니다.

미디어라는 단어는 '무언가를 전달하는 사람, 수단'이라는 뜻입니다. 우리말로 '매체'라고 합니다. 어떤 생각이나 이야기를 전하는 주체와 역할이 바로 미디어입니다. 과거에 시민들이 소식을 접할 수 있는 건 신문과 라디오, 방송뿐이었습니다. 반면 지금은 기술이 발달해 다양한 수단이 생겨났습니다. 글과 소리, 영상 등에 내용을 담아 여러 가지 기기와 애플리케이션을 통해 전달합니다. 따라서 미디어에서 일하는 사람들의 직업도 다양해졌습니다. 형태는 다양해졌지만, 미디어의 가장 큰 속성은 변하지 않습니다. 이는 사람들에게 '무엇인가를 전한다'라는 점입니다.

# 미디어가 다루는 것

미디어는 무엇을 전하고 있을까요? 무엇을 기사로 써야 할까요? 뉴스는 정치, 사회, 문화, 스포츠, 연예 등으로 분야가 나뉩니다. 이야기의 종류는 다양해도 공통점이 하나 있습니다. 우리가 사는 사회와 세상 사람에 관한 이야기입니다. 곧 우리들의 이야기죠. 미디어는 사회 구성원들의 이야기를 다룹니다. 우리가 과거의 역사를 알고 있는 것도 누군가 책이라는 미디어로 남겨 놨기 때문입니다. 전해 내려오는 이야기 역시 그 시대에 살았던 사람들이 당시 장면을 말에 담아서 전달한 것입니다. 요즘은 개인 혹은 소규모로 그룹을 이뤄서 영상을 제작해 유튜브 등 플랫폼 채널을 운영하기도 합니다. 자신의 일상을 공유하는 브이로그, 직접 사서 써 본 물건에 대해 리뷰하는 영상 등도 사람들에게 이야기를 전달하는 미디어입니다. 옛날에는 이런 내용을 오로지 책이라는 형태로만 만들 수 있었지만, 지금은 다양한 미디어를 통해서 이야기를 전달합니다. 어떤 시대에, 어떤 기술을 이용해 어떤 도구를 통해 전달하는지에 따라서 조금씩 달라질 뿐이지 본질은 똑같습니다.

사람들이 미디어를 찾는 이유는 타인에 대한 호기심이라고 생각합니다. 나와 다른 사람들은 어떻게 살아가는지, 내가 가진 생각이나 내가 사는 방식이 다른 사람과 비교하면 어떤지 궁금하기 때문이지요. 인간이 가진 호기심이 바로 미디어가 탄생하고 지금까지 소비되는 이유입니다.

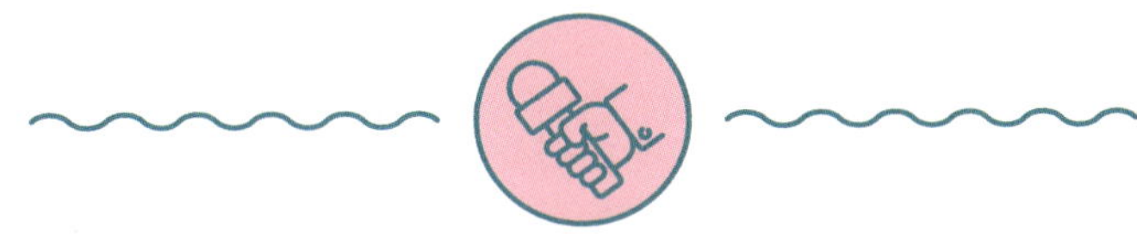

# 전달 방법의 종류

기사는 보통 새로운 사실이나 소식을 전달합니다. 어떤 소식을 기사로 다룰지 결정하는 데도 기준이 있습니다. 독자들이 기사를 읽는 이유, 사람들이 미디어를 구독하는 이유를 생각해 보면 답은 정해져 있습니다. 일상에 영향을 미치는 일이 무엇인지에 따라 각자의 관심사가 정해지고 기사를 찾아보기 마련입니다. 주식시장에 활기가 있는 상황일 때는 경제 기사가 많이 읽히고, 월드컵이나 올림픽과 같은 국제적인 스포츠 경기가 열릴 때는 스포츠 기사의 조회 수가 늘어납니다. 시민들의 삶에 얼마나 영향을 미치는지가 기준이 되는 겁니다.

미디어에서 다루는 내용을 보면 몇 가지 특징이 있습니다. 첫 번째, 새로운 사실일 때 기사가 됩니다. 사람들이 모르고 있었던 사실, 세상에 처음 전달되는 소식 등이죠. 기자가 취재 과정에서 최초로 발견한 내용이 담긴 기사는 제목 앞에 '단독'이라는 표시가 붙기도 합니다. 큰 사고가 발생하거나 많은 시민에게 영향을 주는 일이 생겨 빠르게 알려야 하는 긴박한 소식이라면 '속보'라는 표시가 붙습니다. 독자들이 가장 많이 보는 기사가 이러한 새 소식입니다. 요즘은 동영상 플랫폼 이용자가 많아지면서 '라이브'라고 표시한 실시간 방송을 하는 미디어가 급증하고 있습니다.

두 번째 특징은 놀라운 소식입니다. 사회적으로 큰 충격을 주는 사건일 수도 있고, 많은 사람이 궁금해 하는 결과일 수도 있습니다. 모든 사람의 관심은 아니지만, 입시생과 같이 특정한 상황에 있는 집단, 직업에 필요한 내용도 그렇습니다. 문화와 스포츠, 소비 등 특정한 분야에서 발생한 놀라운 현상이 발생해, 사람들의 주목이 필요하다고 판단되는 일도 기사가 될 수도 있습니다.

세 번째, 영향력이 큰 사건입니다. 날씨와 선거가 대표적이지요. 폭설, 폭우 예보가 그 예입니다. 미세먼지 농도는 요즘 사람들이 자주 찾는 날씨 정보입니다. 선거가 예정된 시기에는 선거운동 기간 전부터 결과가 나올 때까지 실시간으로 상황을 알고 싶어 하는 사람들이 많아 정치 기사가 쏟아집니다. 그만큼 정치가 국민의 삶에 큰 영향을 미치기 때문입니다.

네 번째로, 다양한 정보들이 기사가 됩니다. 입시 제도가 바뀐다는 정부의 발표는 학생들에게 중요한 정보가 됩니다. 지자체에서 복지 대상을 바꾼다는 행정 분야 기사는 주민들에게 바로 영향을 미치는 정보이지요. '리뷰'는 최근 새로 떠오르는 정보 콘텐츠로 꼽

힙니다. 옛날에도 신문을 통해 새로운 제품을 소개했지만, 지금은 영상 미디어가 일반화되면서 직접 사용하는 과정을 자세하게 전달하는 정보 채널이 많아졌습니다.

마지막으로, 감동을 줄 수 있는 내용 역시 기사가 됩니다. 현장에서 본 것을 빠뜨리지 않고 세세하게 전달하는 르포나 기자가 취재원과 나눈 이야기를 그대로 전달하는 인터뷰는 최근 많이 등장하는 기사 형식입니다. 이런 콘텐츠는 다른 사람의 인생을 간접적으로 경험할 수 있다는 장점이 있습니다. 사람과 사람이 나누는 대화 속에서 얻은 진솔한 이야기가 독자의 감정을 움직입니다. 알려지지 않았던 이야기가 깨달음을 주기도 합니다.

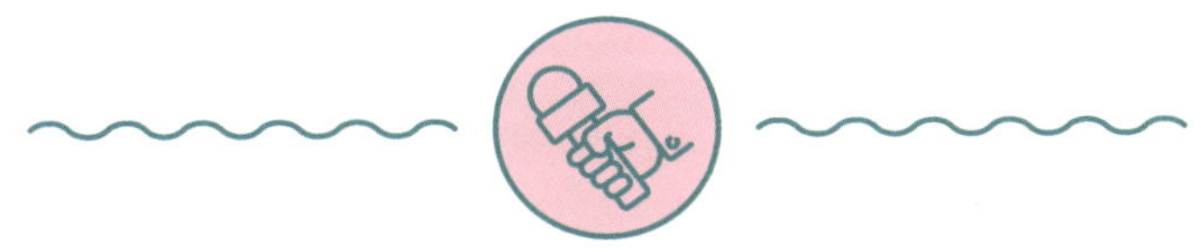

## 기사의 종류

다음으로는 이렇게 선별된 이야기를 어떻게 전달할지에 대해서 알아봅시다. 기사에도 크게 다섯 가지의 종류가 있습니다.

첫째, 스트레이트는 발생한 사실을 간결하고 빠르게 전달하는 기사입니다. '속보'라는 제목으로 작성되는 기사들이나 사건, 사고를 전하는 기사들이 포함됩니다. 국내뿐 아니라 세계 모든 나라에 발생한 일들이 포함됩니다. 10여 년 전 필리핀의 작은 마을에서 슈퍼 태풍으로 1만 명 정도의 희생자가 발생했을 때 국제부 기자로서 현장에 가서 실시간으로 현장 소식을 기사로 썼습니다. 기자들이 매일 가장 많이 쓰는 사건 기사의 종류 중 하나죠.

둘째, 피처 기사란 어떤 이야기를 분석하고 해설하여 그 내용을 중심으로 전달하는 것입니다. 여러 번 회의를 거쳐 기획안을 정하고 비교적 오랜 시간을 들여 심층적으로 취재한 내용을 담습니다. 사안을 분석하거나 독자들에게 더 생각해 볼 관점이나 시선을 제시하고 싶을 때 피처 기사를 많이 쓰게 됩니다.

셋째, 스토리텔링 기사란 인터뷰를 하거나 어딘가에 직접 가서 얻은 정보들을 마치 소설처럼 쭉 흘러가는 글로써 전달하는 것을 말합니다. 예를 들어 서울에 지하철이 생긴 지 40년이 됐다는 시점을 계기로 한국 대중교통의 모습이 어떻게 발달해 왔는지, 이에 따라 시대별 시민들의 생활은 어떻게 변했는지 자세히 설명해 주는 기사가 있습니다.

넷째, 인터뷰 기사는 말 그대로 누군가와 질문과 대답의 형식으로 대화를 나눠 쓴 기사를 말합니다. 취재를 하다 보면 당사자의 목소리로 이야기를 들어 보고 싶은 인물들이 생깁니다. 그러면 그 대상을 섭외해서 나눈 대화를 그대로 기사로 만듭니다. 기자가 취재한 내용을 바탕으로 설명해 주는 기사를 쓸 수도 있지만, 실제 그 인물의 인터뷰로 기사를 쓰면 더 생생하고 재미있게 느낄 수 있는 형식이 됩니다.

마지막으로 오피니언은 보통 사설과 칼럼으로 나뉩니다. 사설은 기자의 이름이 들어가지 않고, 칼럼은 기자의 이름이 들어갑니다. 요즘은 기자만 칼럼을 쓰진 않습니다.

앞서 언급했다시피 미디어라는 건 사람들에게 무언가를 전달하기 위해서 사용하는 도구이기 때문에, 한 가지 이야기를 전달할 때에도 조금 더 재미있고 전달률을 높일 수 있을지에 대해 고민하고 찾아서 형식을 결정하게 됩니다.

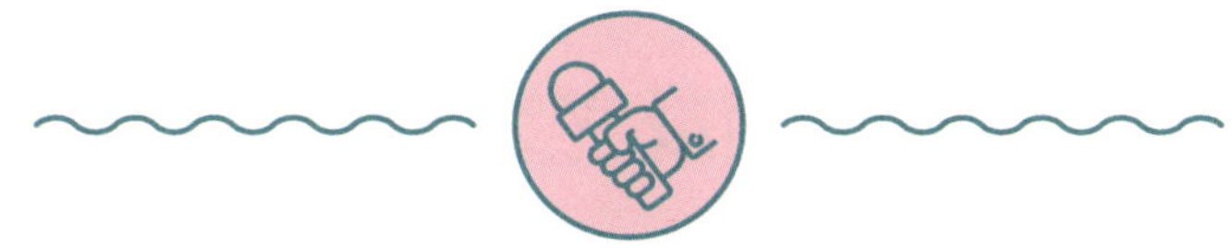

# 종이 신문 보는 법

신문 1면에는 전날 있었던 일 중에 사람들이 가장 궁금해하고 관심 가질 내용을 싣습니다. 신문을 본 독자들에게 가장 영향을 미칠 수 있을 거라고 생각되는 내용을 각각의 신문사가 선택하는 거죠.

이렇게 1면 기사를 보다가 더 상세하게 보고 싶을 땐 3면을 함께 보면 됩니다. 1면을 읽고 다음 장을 넘기면 바로 보이는 것이 3면이기 때문에 보통 내용이 이어질 수 있도록 기사를 배치합니다.

신문 기사를 다 읽기에 시간이 없다면 간략하게 내용을 확인하는 방법이 있습니다. 가장 큰 제목인 헤드라인, 그 아래의 소제목, 그다음 4~5개로 뽑아 놓은 중간 제목을 자세히 읽어 봅니다. 특히 기사의 첫 번째 문장은 '리드'라고 부르는데, 스트레이트의 경우 전체 내용을 요약해 앞으로 어떤 이야기를 전달할지를 알려 줍니다. 리드만 꼼꼼하게 읽어 보면 핵심을 파악할 수 있습니다.

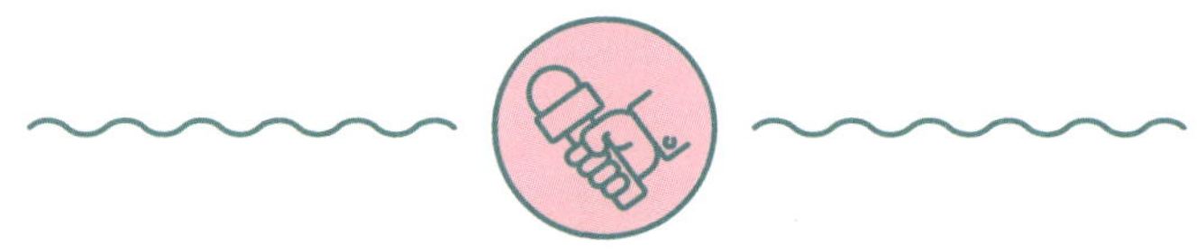

# 좋은 기사 쓰는 방법

기사는 보통 두괄식으로 씁니다. 전하고자 하는 메시지를 맨 앞에 두는 방식이죠. 문장은 읽기 쉽게 풀어서 쓰고, 되도록 짧게 끊어 쓰는 게 좋습니다. 수식을 많이 하면 읽기가 복잡해 이해하기 어려워질 수 있기 때문입니다.

기사는 육하원칙을 지켜서 씁니다. 언제, 어디서, 누가, 어떻게,

왜, 무엇을 했는지 모두 들어가야 합니다. 세상에 일어난 새로운 일을 기사로 처음 접한 독자도 한 번에 이해할 수 있도록 자세하고, 정확하게 전달하기 위한 요소들입니다. 한 가지 기사에 이런 내용을 모두 담기 위해서는 현장을 열심히 살펴보고, 사람들에게 질문하며, 많은 이야기를 들어야 합니다. 어디든 찾아가고, 누구에게든 말을 건네려면 용기도 필요하겠지요.

특히 기자에게 가장 중요한 능력은 사실 확인입니다. 취재원이 해 준 말이나 현장에서 알아낸 내용이 사실인지 확인하고 기사로 써야 합니다. 처음 기자가 되면 3~6개월 동안 수습 기간을 거칩니다. 선배 기자들에게 교육을 받으면서 스스로 기사를 쓰는 능력을 갖추는 시기죠. 이때 가장 많이 배우는 것이 일일이 사실을 확인하는 방법입니다. 거짓말로 보고를 하거나, 사실 확인을 하지 않은 내용을 전달하면 크게 혼이 납니다. 독자들이 믿고 읽을 수 있는 기사를 쓰려면 제대로 된 취재가 필요하기에 보고 들은 것이 사실인지 계속해서 확인하는 연습 과정을 거치는 겁니다. 그래야 진짜 기자가 된다고 볼 수 있습니다.

기사는 중요한 의미를 담는 콘텐츠이지만 재미도 있어야 합니다. 재미있는 콘텐츠는 어떻게 발굴할까요?

기자들은 사람을 만나는 데 많은 시간을 보냅니다. 인터뷰 기사를 쓰기 위한 취재가 아니더라도, 사람들을 만나 이야기하면서 기사 쓸 내용을 찾습니다. 요즘 사람들은 어떤 생각을 하며 살아가는지, 사회가 어떻게 흘러가고 있는지 알 수 있기 때문입니다. 사회를 관찰하는 시선으로 보면서 특이한 현상을 찾아내기도 합니다. 그래서 콘텐츠를 만드는 사람에게 가장 중요한 것은 사회에 대한 관심, 사람에 대한 호기심입니다.

글을 잘 쓰는 확실한 비법은 다른 사람의 글을 많이 읽는 것입니다. 외국어를 배우려면 일단 그 언어를 많이 듣고, 읽으며 충분히 단어와 문장을 머릿속에 쌓아야 하는 이치와 같습니다. 마찬가지로 다른 사람들의 글을 읽다 보면 나만의 글쓰기 예시들이 쌓이게 됩니다.

사람의 이야기를 전달하는 미디어의 콘텐츠를 만들고 싶다면 호기심을 갖고 여러 질문을 던지며 답을 찾는 과정이 중요합니다. '왜 그럴까'라는 질문을 반복하다 보면 자연스레 기사가 완성되기도 합니다.

마지막으로, 미디어의 영향력을 위해서는 내가 만드는 콘텐츠의 독자, 구독자들이 현재 어떤 방식으로 글과 영상을 소비하는지를 분석해야 합니다. 그들이 어떤 내용에 공감하는지에 대한 데이터를 축적해 독자가 필요한 내용과 방식으로 완성하는 것이 가장 좋습니다.

# 기자가 되는 법

　신문사와 방송사, 온라인 매체 등 대부분의 언론사는 1년에 한 번씩 신입 기자를 뽑는 공채 전형을 엽니다. 서류 전형으로 1차 관문을 통과하면 상식 테스트와 작문, 논술을 작성하는 2차 필기 시험을 봅니다. 정치, 경제, 사회, 과학, 행정 등 세상 속에서 일어나는 모든 이슈에 대해 시사 상식을 평가합니다. 특정한 사안에 대해 생각을 논리적으로 혹은 문학적으로 정리하는 글을 써 냅니다. 2차에 합격하면 3차 면접이 있습니다. 현재 논란이 되는 문제에 관한 생각을 정리해 발표하고, 다른 응시생들과 의견을 나눠 토론하기도 합니다. 모든 과정이 평가됩니다. 방송기자는 카메라 앞에서 정보를 전달하는 능력과 순발력 테스트도 합니다. 전형 과정이 복잡하고 준비할 게 많습니다. 그래서 '언론 고시'라고도 부릅니다. 이런 시험들을 통해 기자가 되는 것이 일반적입니다.

취재를 통해 수집한 내용을 말이나 글로 보도하는 직업인 기자에게 가장 필요한 능력은 '정보를 취사 선택하고 언어로 정리할 수 있는가'입니다. 전공으로 보면 문과의 영역이라고 생각하는 경우가 많지만, 꼭 그렇지는 않습니다. 기자는 세상의 모든 일, 다양한 분야와 사람들의 생각을 보고 듣습니다. 특정한 분야에 깊은 지식이 있다면 관련된 기사를 쓸 때는 도움이 될 수 있습니다. 하지만 지식보다 중요한 것은 호기심입니다. 새로운 것을 접하는 것이 즐겁고, 사람들의 이야기를 듣고 싶어야 하죠. 또 그 내용을 글로 정리하는 일을 감당할 수 있는 능력이 필요합니다.

의학과 법학, 기상 등 전문성을 갖춰야 하는 경우는 특정 전공이나 자격증이 필요하기도 합니다. 하지만 전공은 기자가 되는 데 크게 중요한 요소는 아닙니다. 사회, 경제, 정치 등 여러 분야에 호기심을 갖고 다양한 관점에 대한 글을 읽어 상식을 쌓는 것이 전공보다 중요할 수 있습니다.

장래 희망이 없어서 고민인 사람도 있을 겁니다. 그럴 때는 특정한 직업을 찾으려고 하지 말고, 내가 어떤 일을 할 때 즐거운지 혹은 어떤 일을 잘하는지 진지하게 생각해 보세요. 보람과 재미를 중심으로 고민해 보는 게 좋습니다. 좋아하는 일과 잘할 수 있는 일이 반드시 일치하지만은 않습니다. '해 보고 싶다'라는 마음이 우러나는 행동이나 작업을 찾아가면 취미가 직업이 될 수도 있고, 장기가 직업이 될 수도 있습니다. 그래서 무엇보다 나에 대해 알아가는 과정이 꼭 필요합니다.

# 5장

# 수학

우리 생활 속 모든 것을
수치화함으로써
논리적 판단을 하다

박만구 교수

# mathematics

**#AI**

**#수학자**

**#인문학자**

**#수학교육연구자**

**#소프트웨어전문가**

＊＊

　많은 학생들이 수학을 애증의 과목으로 뽑는 이유는 아마도 노력한 것에 비하여 점수가 잘 나오지 않기 때문일 겁니다. 하지만 우리는 세상을 보는 관점, 그리고 수학을 보는 관점을 보다 폭넓게 볼 필요가 있습니다.

　아래 그림은 버논Vernon이라는 학자가 제시한 그림입니다. 아마도 처음 보면 월드컵의 트로피 같기도 하고 별 의미 없는 그림으로 보일 것입니다. 그런데 이 그림을 180도 뒤집어서 보면 익숙한 그림일 것입니다.

　이처럼 우리가 세상을 보는 관점을 바꾸면 세상 또한 다르게 보일 것입니다. 우리의 수학에 대한 생각도 수학을 먼저 경험한 사람

들의 부정적인 말이나 태도에 많은 영향을 받고 있을 겁니다. 만약 내가 수학에 대해 가졌던 부정적인 생각을 달리 볼 수 있다면 지금까지 가졌던 생각이 달라질 것입니다.

# 수학을 왜 배워야 하나요?

여러분은 "수학을 왜 배워야 하나요?"라는 질문에 아마도 속 시원하게 공감할 수 있는 답을 얻기 쉽지 않았을 것입니다.

수학을 배우는 이유는 여러 가지로 말할 수 있지만 일반적으로 실생활에 활용되는 실용성, 마음을 단련하는 모든 학문의 기초가 되는 도야성, 수학적인 아름다움을 느끼게 하는 심미성, 그리고 문화와 함께해 오면서 문화 전수의 역할을 한다는 주장 등이 있습니다.

수학은 당장 가게에서 물건을 살 때 정확한 물건 값을 계산할 수 있도록 하는 것과 같이 실용적인 가치가 있습니다. 이 외에도 맨홀 뚜껑이 밑으로 빠지지 않도록 원 모양으로 만드는 것, 태풍의 경로를 예측하여 미리 대비하도록 하는 것 등 수학을 생활에 활용하는 예는 많습니다. 건물을 지을 때는 설계사가 평면에 설계도를 그려서 건축가에게 줍니다. 건축가는 이 평면 설계 도면을 보고 입체인 건물을 만들어 내는데, 이 과정에서 평면과 입체 사이의 관계를 알고 이를 적절하게 연결하여 생각하는 능력이 중요합니다.

우리가 학교에서 배우는 수학은 여러 곳에서 활용됩니다. 고등학교 이과 수학이나 대학 수학에서 배우는 복소수인 $i^2=-1$도 반도체 회로 설계 등에 활용된다고 합니다. 물론 수학을 배우는 이유는 이와 같이 직접 생활에 활용되기 때문만은 아닙니다.

또 다른 이유는 수학이 일의 효율성을 증가시킨다는 것입니다. 최근에 인공 지능의 발전으로 자동차 번호판을 인식하거나 자율주행을 거의 가능하게 하는 것도 그 저변에는 수학이 있어서 가능한 일입니다. 예를 들어 자동차를 만들 때, 이전에는 사람들이 일일이 조립하던 것들도 수학적 아이디어를 활용하여 자동화할 수 있습니다. 수학적 아이디어로 코딩을 하여 공장을 자동화하여 자동차의 조립 등을 하면 많은 비용을 절감할 수 있습니다.

그런데 이렇게 수학이 직접적으로 활용된다는 정도로는 그 필요성에 대한 설득력이 약할 수 있을 것입니다. 수학은 추론을 기반으로 패턴을 인식하도록 하여, 보지 못하는 걸 보게 하거나 미리 해 볼 수 없는 것을 예측해 보도록 할 수 있는 힘을 가지고 있습니다. 아폴로 우주선은 사람을 싣고 달에 처음으로 갔습니다. 사람이 우주선에 타고 그 먼 거리를 갔다가 올 생각을 한 것은 상당한 모험이었을 것입니다. 그런데 어떻게 가 보지 않은 달에 갔다 올 생각과 믿음을 가질 수 있을까요? 이는 수학의 힘입니다. 여러 가지 변수들을 생각하여 우주선의 발사 추진 속도, 각도, 연료량 등을 미리 계산하여 그대로 시행하였기 때문에 성공할 수 있었을 것입니다. 이와 같이 불가능에 가까워 보이는 일을 수학적인 추론을 사용하여 예측해 볼 수 있습니다.

마지막으로 수학을 배우는 가장 중요한 이유는 기계를 작동하게 하는 엔진과 같이 생각의 근원인 사고력의 근원이기 때문입니다. 어떤 응급 사고가 발생했을 때, 수학과 직접적인 관련이 없어 보일지라도 어떤 순서로 일을 처리해야 할지를 판단을 하는 것도 그 기저에는 효율성에 따라 순번을 생각하여 나열할 수 있는 수학적인 사고가 있어야 합니다. 이와 같이 수학은 우리의 모든 일상과 관련이 있습니다.

# 수학의 목적

　수학을 배우는 궁극적인 목적은 인과관계를 깨우쳐 우리로 하여금 보다 행복한 삶을 살도록 한다는 것입니다. 수학은 '조건(p)이 이러면 결론(q)은 이렇다'라는 것을 논리적으로 밝히는 학문입니다.

　유치원에서 대학이나 대학원에 이르기까지 복잡도는 증가하지만, 수학은 어떤 조건을 주고 결론을 이끌어 내는 연습을 계속하도록 합니다. 수학을 배우는 궁극적인 목적은 우리가 삶을 살아가는 데 논리적 사고로 현명한 판단을 할 수 있도록 한다는 것과 인과 관계를 알 수 있도록 한다는 것이라고 생각합니다.

　수학은 끊임없이 조건을 제시하고 결과를 물어보는 연습을 하는 교과입니다. 수학은 우리가 삶을 살아가면서 부딪히는 많은 사건과 마주할 때 논리적인 관계를 이해하면서 일희일비하지 않고 행복한 삶을 살아갈 수 있게 돕습니다. 또 수학은 비논리적인 주장에 현혹되지 않고 바른 판단을 하면서 행복한 삶을 살 수 있도록 합니다.

# 수학의 특성과 공부

수학은 다른 학문과는 다른 특징이 있습니다. 수학의 개념은 모두 우리의 머릿속에 있습니다. 예를 들어, 1+1=2라는 수학식을 설명하려면, 연필 한 자루를 보여 주고 또 다른 한 자루를 보여 주면서 한 자루에 또 다른 한 자루를 더하면 두 자루가 된다는 것을 설명할 것입니다. 그런데 이는 받아들이는 사람이 1단위에 또 다른 1단위를 더하면 2단위가 된다는 것을 머릿속에서 만들어 내야만 합니다. 이와 같이 수학은 머릿속에서 벌어지는 추상적인 사고를 대상으로 하는 학문입니다.

수학을 배울 때는 인과관계를 이해하면서 배우는 것이 중요합니다. 따라서 수학 공부를 할 때는 공식 등 기본적인 내용 등을 외워야 하는 것도 있지만, 문제를 해결할 때는 원리적으로 이해하도록 해야 합니다. 그래야만 숫자나 상황이 바뀌더라도 원리를 적용하여 어떤 문제가 제시되더라도 해결할 수 있습니다. 수학 공부를 할 때는 어렵다는 생각을 가지고 포기해 버리기보다는 왜 이렇게 되는지를 끊임없이 물으면서 원리를 이해하려고 노력해야 합니다.

예를 들어, 중학교에서 배우는 이차방정식의 근의 공식은 다음과 같습니다.

$$x = \frac{-b \pm \sqrt{b^2 - 4ac}}{2a}$$

대부분 이 공식에 대하여 알고 있을 것입니다. 그런데 어떻게 이차방정식의 계수인 a, b, c를 이 공식에 넣어 근을 구할 수 있는지 물으면 정확하게 설명할 수 있는 학생이 많지 않습니다. 이런 질문을 받았을 때 왜 그렇게 되는지를 잘 설명할 수 있다면 원리적으로 이해한 것입니다.

아래 공식은 표준식으로, $x$를 구하는 과정에서 양변을 $a$로 나누어 유도한 식입니다.

$$ax^2 + bx + c = 0$$

이와 같이 수학에서 답을 이끌어 내는 것은 과정을 알고 보면 당연한 것입니다. 다만, 그 과정이 논리적으로 타당해야 합니다.

# 수학의 역사와 발전

수학은 인류와 함께 길고 오래된 역사를 가집니다. 인류 초기에는 동물의 수를 세는 등 기초적인 수학으로 출발하여 고대에 피타고라스나 유클리드에 이르면서 보다 체계적으로 발전하게 되었습니다. 피타고라스는 온 우주의 운행을 수학으로 설명하려고 했고, 유클리드는 논리적인 사고를 기반으로 아주 초보적인 기하부터 복잡한 기하까지 논리적으로 증명하는 기하학 원본을 제시하였습니다. 그런데 유클리드 기하 중 '직선 밖의 한 점을 지나 그 직선에 평행한 직선은 단 하나 존재한다'라는 다섯 번째 평행선 공준은 평면에서는 진리이지만, 곡면에서는 성립하지 않는다는 것을 발견하면서 비유클리드 기하가 탄생하게 됩니다. 즉, 곡면에서는 직선 밖의 한 점을 지나 그 직선에 평행한 직선은 여러 개 존재할 수 있습니다.

# 수학이 어려운 이유

대부분의 학생들이 초등학교 저학년 때에는 수학을 그리 어렵다고 생각하지 않습니다. 그런데 학년이 올라가면서 수학을 어려워하는 학생들이 늘어나고, 대다수의 학생들이 수학 공부를 포기하는 것이 현실입니다. 다른 과목과 비교하여 수학을 어려워하는 이유는, 머릿속의 생각을 대상으로 한다는 추상성과 이전의 수학 개념을 이해하지 못하면 그 이후의 수학을 이해하는 것이 어렵다는 위계성의 특징 때문일 것입니다. 수학의 추상성 때문에 교사의 입장에서 수학을 지도하기도, 학생의 입장에서 배우기도 쉽지 않습니다. 그렇지만 손으로 만지면서 수학적인 이해를 돕는 실물 교구나 디지털 교구 등을 효과적으로 활용할 수 있을 것입니다. 그리고 모든 과목이 동일하지만, 수학은 당장 이해가 되지 않으면 그 이해되지 않는

부분을 바로 해결하고 넘어가야 다음 단계로 진행이 가능합니다.

수학을 공부하면서 수학이 다양한 분야에 응용되고 연결될 수 있음을 폭넓게 알 필요가 있습니다. 문학에서도 수학을 찾을 수 있습니다. 예를 들어, 고려나 조선 시대의 정형시도 일정한 글자 수를 가지고 있는 패턴이 있습니다. 정형시는 글자의 수에서 일정한 규칙성을 가진 시를 말합니다. 다음은 정몽주의 〈단심가〉입니다.

| 이 몸이 죽고 죽어 일백 번 고쳐 죽어 | 3 | 4 | 3 | 4 |
| 백골이 진토되어 넋이라도 있고 없고 | 3 | 4 | 3(4) | 4 |
| 임 향한 일편단심이야 가실 줄이 있으랴 | 3 | 5(6) | 4 | 3 |

만약 종장도 3 4 3 4로 끝냈다면 어떤 느낌이었을까요? 아마도 끝나는 종결의 느낌이 별로 들지 않았을 겁니다. 이는 리듬이라는 규칙에 인간의 감각을 반영한 것이라고 할 수 있습니다. 이와 같이 수학을 공부하면서 다양한 분야의 내용과 연결하여 생각해 보도록 할 필요가 있습니다.

더 나아가 철학적인 측면도 연결할 수 있을 것입니다. 0은 모든 수의 배수인가요? 0과 자연수 중에서 0은 가장 작은 수입니다. 그렇기 때문에 0은 모든 수의 배수가 된다는 것이 이해가 되지 않을 것입니다. 수학적으로 배수와 약수는 다음과 같이 정의합니다.

$$a|b, \; a=b \cdot k \; (k \in \text{정수})$$
$$a \text{는 } b \text{의 배수이고, } b \text{는 } a \text{의 약수이다}$$

0에 대해서는 다음과 같이 쓸 수 있습니다.

$$0=b \cdot k \; (k \text{가 } 0 \text{일 때})$$

따라서 모든 수는 0의 약수가 되고, 0은 모든 수의 배수가 됩니다. 이는 마치 작은 자가 큰 자가 되고, 큰 자가 작은 자가 됨을 의미합니다. 또는 불교의 반야심경에서 말하는 색즉시공 공즉시색色即是空 空即是色, 즉, 색이 공이고 공이 색이 됨을 생각해 볼 수 있습니다. 실체가 있는 것은 곧 없는 것일 수 있다는 것이고, 모든 것은 이렇다라고 말할 수 있는 실체가 없다는 공사상空思想을 생각해 볼 수 있습니다.

우리는 누구나 인생의 궁극적인 목적으로 행복하게 사는 것으로 삼을 것입니다. 행복의 크기를 어떻게 매길 수 있을까요? 삶과 수학의 연계를 살펴보면, 만족감 또는 행복의 크기는 이미 성취한 것을 욕망으로 나눈 값이라고 표현할 수 있습니다.

이와 같이 수학 교육을 통해서 우리는 생활에서 정도를 나타내는 것은 무엇이든 수치화하여 수학적으로 계산할 수 있습니다. 이렇게 수치화할 수 있으면 보다 논리적인 설명이 가능해집니다.

# 수학이 필요한 이유

수학은 우리가 어느 직업을 가지든 논리적인 판단을 하고 비논리적인 주장을 걸러 내고 바른 삶을 살도록 하기 때문에 수학 공부를 반드시 해야 합니다. 모든 공부가 그렇지만 수학은 반복이 매우 중요합니다. 개념을 이해한 후, 문제를 해결하면서 수학의 개념에 익숙해지도록 할 필요가 있습니다.

여러분은 페르마의 마지막 정리 Fermat's Last Theorem에 대해 들어 보았나요?

$$x^n + y^n = z^n, \, n \geq 3$$

즉, 위 식을 만족하는 $n$이 3 이상인 정수는 존재하지 않는다는 것입니다. 이 식은 수학자인 페르마가 자신이 보던 수학책에 이 식을 써 놓고, '내가 이 식을 증명할 수 있는데 여기 여백이 좁아서 증명을 생략한다'라고 써 놓았습니다. 이 식은 언뜻 보기에 이를 만족하는 정수들이 무수히 많을 것 같습니다. $n$이 2일 때는 피타고라스의 정리로 $3^2+4^2=5^2$, $5^2+12^2=13^2$, … 같이 이 식을 만족하는 정수들의 쌍($(3, 4, 5)$, $(5, 12, 13)$, …)이 존재합니다. 수는 무수히 많으니 세제곱인 두 수의 합이 다른 하나의 세제곱인 정수의 쌍이 존재할 것 같습니다. 그래서 그동안 350년 동안이나 많은 수학자들이 이를 증명하려고 시도를 했지만 누구도 증명하지 못하여 수학계에서는 풀기 어려운 난제로 유명해졌습니다. 그러던 중 1995년, 프린스턴 대학 수학과 교수였던 앤드루 와일스 Andrew Wiles가 7년을 넘게 매달린 끝에 드디어 증명하였습니다. 전해지는 일화에 의하면 그가 10살 때, 엄마와 동네 도서관에 가서 우연히 이 식을 보고 인상이 깊었고 이 식을 자신이 증명해 보고 싶었다고 합니다. 이와 같이 어렸을 때 가진 꿈이 장차 이루어지는 경우가 많이 있습니다. 여러분들도 뜻을 세우고 끊임없이 노력하다 보면 그 뜻을 이루게 될 것입니다.

여러분도 실감했을 것인데, 인공 지능의 발달은 최근 들어서 급속하게 발전하고 있습니다. 이 인공 지능의 알고리즘 역시 수학을 바탕으로 하고 있습니다. 인공 지능을 작동하도록 하는 기저에는 수학적인 아이디어가 들어가 있습니다. 인공 지능이 스스로 알아서 일을 처리하는 것 같지만 이런 작동이 가능하려면 수학적인 명령을 수행해야 합니다. 기술이 발전하려면 수학이 뒷받침되어야 합니다. 앞으로 어떤 일을 하고 살아가게 되더라도 사회 현상이나 기술의 저변을 움직이는 수학적인 원리를 이해하고 활용할 줄 아는 수학적 역량이 중요합니다.

## 수학 공부는 어떻게 해야 하나

아마 다른 과목에 비해 많은 시간을 할애하고 있지만 시간 대비

성적은 잘 오르지 않아 답답할 것입니다. 앞에서도 언급한 것처럼 수학은 논리적인 사고를 기반으로 계단식으로 공부를 해야 하는 과목입니다. 마치 계단을 오르듯이 밑에 있는 계단을 밟지 않고는 다음 계단으로 올라갈 수 없습니다. 현재의 수준에서 이해하기 어려우면 그보다 낮은 단계의 수학을 공부한 후에 현 단계로 와서 공부하면 쉽게 이해할 수 있을 것입니다.

수학 공부를 할 때, 또 하나의 방법은 "왜?"라는 질문을 계속하면서 공부하는 것입니다. 이는 수학을 원리적으로 이해하면서 공부하게끔 합니다. 이해를 기반으로 한 수학 공부는 문제의 상황이 다르게 제시되더라도 원리를 수학적으로 적용하여 문제를 해결할 수 있게 됩니다.

중학교에서 배우는 진법에 대한 문제를 예를 들어 생각해 보겠습니다.

> 다음 오진수 $23_{(5)}$를 삼진수로 나타내시오.

아마도 대부분 이 문제를 해결할 때, 오진수를 십진수로 바꾼 후, 십진수를 다시 삼진수로 바꿀 것입니다. 그런데 굳이 그리할 필요가 없습니다. 십진수는 10개의 묶음으로 묶는 것이고, 오진수는

5개의 묶음으로 묶는 것이며, 삼진수는 3개의 묶음으로 묶는 것입니다. 오진수 23(5)를 3개씩 묶어 주면 됩니다. 다만 낱개, 막대, 평면, 정육면체 식으로 자릿값을 나타내게 됩니다. 즉, 오진수 23(5)은 세 개씩 묶은 후 자릿값을 생각하여 배열하면 바로 삼진수 111(3)이 됩니다. 이와 같이 원리를 알면 쉽게 문제를 해결할 수 있습니다.

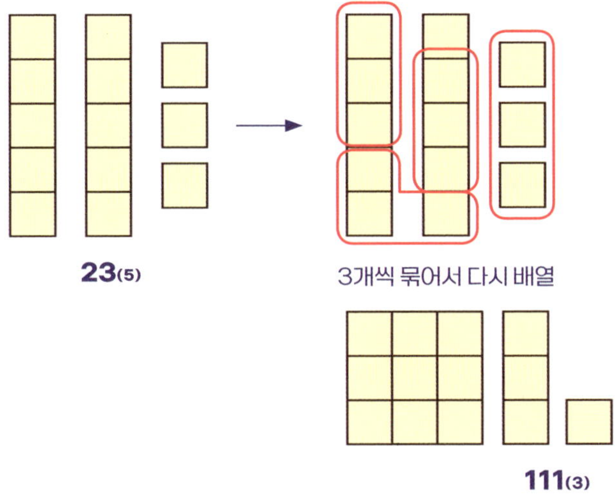


이와 같이 수학은 원리를 알면 그리 어렵지 않습니다. 이해가 되지 않으면 왜 그렇게 되는지를 알고자 노력하고, 관련 자료를 찾아보고 그보다 더 낮은 단계의 수학을 공부하고 다시 이해되지 않았던 문제를 풀어 보면 됩니다.

그런데 가장 중요한 것은 수학을 잘하겠다는 강인한 의지를 가지고 꾸준히 공부하는 것입니다. 물론 공부를 하지 않고 무지하게 세상을 살아갈 수도 있습니다. 그러나 그런 태도로는 바른 판단을 할 수도 없습니다. 여러분들도 왜 수학 공부를 해야 하는지 생각해 보고 자신의 길을 개척해 가시기 바랍니다.

# 수학과의 진로 방향

여러분은 앞으로 어떤 직업을 가질지 고민일 것입니다. 물론 지금은 학교 공부를 열심히 하여 기본 실력을 갖추는 게 우선이고, 이후 대학에 진학할 때 다시 한번 자신의 진로에 대하여 고민하게 될 것입니다. 지금 학생인 여러분들이 직업을 가지고 사회생활을 하게 될 10년 후는 지금과는 또 다른 사회가 될 것입니다. 인공 지능의 발전과 함께 직업의 세계도 이전과는 매우 다르게 변할 것입니다. 따라서 사회의 변화의 방향에도 관심을 가질 필요가 있습니다.

여러 과목들 중에서 특별히 수학과 관련된 직업에 관심이 있는 사람들은 수학과에 진학하여 수학자의 길을 가거나 수학교육과에 진학하여 수학 선생님이 될 수도 있을 것입니다. 수학과는 순수 수학을 전공하여 수학과의 교수가 되거나 보험 회사나 증권 회사 등에서 데이터 처리를 담당할 수도 있습니다. 또 수학을 전공하면 회계사 등도 상대적으로 다른 전공보다는 쉽게 도전해 볼 수 있을 것입니다. 그 외에도 다양한 직업의 경로가 있을 수 있습니다. 대학에서 수학교육을 전공하는 경우, 사범대학의 수학교육과에 진학하게 됩니다. 이 전공은 중고등학교에서 학생들에게 수학을 어떻게 잘 지도할 수 있을지를 배우게 됩니다. 현재 사범대학의 교육 과정은 순수 수학과 지도법 등 교육학 과목으로 구성되어 있습니다. 초등학교 교사가 되고 싶은 사람들 중 수학에 관심이 있는 사람들은 교육대학에 진학하여 초등 수학 심화 과정에 진학할 수 있습니다. 비록 초등학교 선생님이 되었다고 하더라도 대부분 자기 전공 분야가 있어서 수학교육을 자신의 전공으로 하여 어떻게 지도할 수 있을지 지속적으로 연구할 수 있습니다. 또 초등 수학 교과서를 집필하거나 초등학교에서 학생들에게 수학 수업을 어떻게 할 것인지 더 많은 연구를 할 수 있습니다.

사실 사회가 어떻게 변하는 간에 수학은 우리가 논리적으로 생각하고 현명한 판단을 하도록 하는 데 기초가 되는 학문입니다. 그렇기에 미래 사회에서 각광을 받을 소프트웨어나 데이터 전문가들에게는 수학이 직접적으로 영향을 주어 더욱 중요해질 것입니다.

✳ ✳

　앞에서 언급한 것처럼, 수학을 배우는 이유에 대하여 좀 더 넓은 관점을 가지고 생각할 필요가 있습니다. 수학은 반드시 당장 써먹기 위해 배우는 것이 아닙니다. 플라톤은 제자들이 기하를 배워서 어디에 쓰느냐고 물었을 때, 이런 질문을 하는 자들은 아카데미에 들어올 자격이 없다고 말하기도 했습니다. 수학을 배우는 이유는 생활에 바로 적용되기도 하지만 '수학이 생각의 엔진'이기 때문입니다. 수학은 우리기 삶을 살아가면서 비판적으로 생각하고 사리를 분별할 수 있게 하며 현명한 소비자가 되게 합니다. 수학은 가짜 주장에 현혹되지 않게 합니다. 궁극적으로 수학은 사건의 인과 관계를 이해하고 깨달음을 얻어 일희일비하지 않고 행복한 삶을 살도록 돕는 학문입니다.

# 6장

# 약학

전쟁 속 죽어 가는 사람들을
살리기 위해 발명된
약학의 탄생

송은호 약사

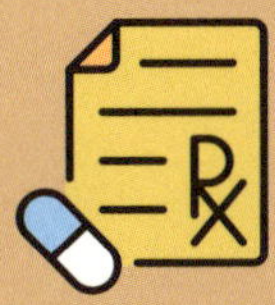

# pharmacy

---

**#약사**

**#신약개발제약회사**

**#식품의약품안전처**

**#변리사**

**#국립과학수사연구원**

# 약사는 무엇을 하는 사람일까

여러분이 일상에서 마주하는 약사는 어떤 일을 하는 사람인가요? 약의 종류는 얼마나 다양할까요?

우리가 자주 가는 약국에는 다양한 종류의 약들이 있습니다. 약국에 있는 약사는 약을 제조하는 사람입니다. 약을 만드는 게 주요 업무로, 대학 병원, 신약 개발 제약 회사, 과학 수사원 등에서 일합니다.

약국에 약사가 있어야 하는 이유는 무엇일까요? 첫째, 약사는 환자에게 약에 대한 정확한 설명을 제공합니다. 둘째, 환자가 약을 안전하게 잘 먹을 수 있도록 안내해 줍니다. 셋째, 처방 약을 실수 없이 정확하고 안전하게 조제하여 제공합니다. 마지막으로 위험한 약을 안전하게 보관합니다. 더 넓게 보면, 약사는 환자에게 처방된 약의 일수, 약의 종류와 효과, 생길 수 있는 부작용과 복용법에 대해 설명합니다. 또한 함께하면 좋은 생활 습관이나 식습관을 추천하고 환자의 증상에 맞는 의약품을 권유합니다. 마지막으로 위험한 약은 안전하게 보관토록 조언합니다.

# 약학의 탄생

오랜 옛날 농경 시대 사람들은 사냥을 대신해서 농사를 짓기 시작했습니다. 마을을 만들어 집을 짓고 논도 가꾸고 사람들끼리 모여서 살았죠. 그렇게 모여 살다 보니 전염병이 돌게 되었습니다. 이 집 저 집에서 죽는 사람들이 늘어나는데 당시만 해도 병이나 약에 대한 지식이 없었기 때문에 이유를 몰랐습니다. 그저 '악마의 저주', '신이 내리는 벌' 정도로 생각했습니다. 그래서 사람들은 역병을 옮기는 귀신, 역귀를 물리치기 위해 제사를 지내거나 굿을 해서 병을 없애려고 했습니다. 온갖 재료를 넣어서 약을 제조해서 먹기도 했습니다.

그러다가 시간이 흘러서 중세 시대 이후로 화학이라는 학문을 연구하기 시작했습니다. 화학은 물질의 구성, 성질, 변화 및 반응을 연구하는 자연과학 분야입니다. 나무를 불에 태우면 어떻게 변하는지, 물을 끓이면 어떻게 되는지, 금속을 오래 놔두면 색깔이 변하는 이유는 무엇인지 생각하며 연구하는 학문입니다.

예를 들어 당시에 우리 주변에서 흔히 볼 수 있는 물질을 갖고 화학 실험을 해서 금이 어떻게 만들어지는지 연구를 했는데, 이를 연금술이라고 합니다. 이 연구를 하는 사람을 연금술사라고 불렀죠. 그렇게 연금술사가 여러 화학 실험을 하다가 금이 아닌 것의 쓸모를 찾던 와중 아픈 사람들에게 먹였더니 병이 낫는 것을 발견하게 되었습니다. 이때 독일의 연금술사인 파라켈수스 Paracelsus가 "모든 약은 곧 독이고, 모든 독은 곧 약이다."라는 유명한 말을 남겼습니다.

또 다른 예로 1900년대에 스페인에서는 독감이 크게 유행을 했습니다. 특별한 약이 없던 그 당시에는 그저 누워 있을 수밖에 없었습니다. 2년 동안 약 5,000만 명이 사망했습니다. 제1차 세계 대전 당시 죽은 사람이 약 1,500만 명이라는 것과 비교하면 놀랍고 안타까운 사실입니다. 이때 제약회사 바이어 BAYER 사의 연구원인 펠릭스 호프만 Felix Hoffmann은 버드나무 껍질에서 아스피린을 만들었습니다. 아스피린은 최초로 만들어진 현대 약이라고 할 수 있습니다.

이때부터 본격적으로 약학이라는 학문이 발전하면서 약사라는 직업이 생기게 되었습니다.

앞으로 미래의 모습을 그려 본다면, 인공 지능과 로봇 기술의 발달로 '단순히 약을 조제해서 환자에게 전달하는' 약사의 역할은 대체될 가능성이 큽니다. 대신 약사만이 할 수 있는 약사의 역할이 중점이 될 거라 생각됩니다. 첫째, 환자 개개인에게 맞는 약을 추천해 줄 수 있는 역할, 둘째, 환자와 상담을 통해 약뿐만 아니라 건강, 운동, 식습관을 관리해 줄 수 있는 헬스케어 전문가의 역할, 셋째, 신약 개발로 새로운 치료제를 개발하고 연구하는 것이 약사의 역할입니다. 이러한 역할들이 미래 약사의 중요한 역할로 발전할 것입니다.

# 약사가 되려면

약사가 되려면 우선 약학과에 들어가야 합니다. 약학과에서는 어떤 과목을 배울까요? 기본적으로 약물치료학에 대해 공부하게 됩니다. 약의 성분에 대해서 알고 그 약이 어떤 효과가 있는지에 대해 알기 위해서입니다. 약은 기본적으로 인체에 작용하기 때문에 생물학과 기본적인 의학 지식도 함께 공부하게 됩니다. 약을 먹었을 때 어떤 효과가 나타나는지, 얼마나 먹어야 효과가 나타나는지, 더 나아가 약을 제조하는 법에 대해서 배웁니다. 약대에 들어가면 꽤 많은 수업을 실험실에서 진행하게 됩니다. 여러 가지 화학 실험을 하고, 균 배양 실험을 하거나 동물 실험을 해 보기도 합니다. 우리나라에서 쓰는 한약도 배울 수 있고 사람뿐만 아니라 동물들에게 쓰는 동물 의약품도 배우게 됩니다.

6년 중 2년은 약학을 본격적으로 배우기 위해 필요한 기초 학문을 공부합니다. 기초화학, 기초생물학, 생화학과 미생물학 등을 배웁니다. 그 후 3학년부터 본격적인 약학 과목인 약물치료학, 약리학, 의약품합성학, 생약학, 의약품분석학, 의약통계학 등을 배우게 되고 동물 의약품이나 독성학 같은 심화적인 과목들도 공부하게 됩니다. 마지막 학년에는 그동안 배웠던 지식들이 실제 현장에서 어떻게 쓰이는지 현장 실습을 나가게 됩니다. 일반 약국, 대학 병원 조제실, 제약 회사 등으로 나가서 직접 약사의 업무를 해 보면서 앞으로 약사로서 어떤 일을 하게 될지 경험해 볼 수 있습니다.

물론 대학교 약학과를 졸업만 한다고 약사가 되는 건 아닙니다. 약사 면허증을 받기 위해 국가 고시를 봐야 합니다. 약학과가 다른 대학 전공과 다른 점을 들자면 학교에서 배웠던 내용이 실제 약사로 일하면서 바로 적용이 된다는 점입니다. 학교에서 배웠던 약들이 여러분이 약사로서 사회에 나왔을 때 약국의 조제실에서 바로 쓰이기 때문에 약학과에서 약학 관련 지식을 제대로 배워 둬야 약사로서 직무 활동에 어려움 없이 적응할 수 있습니다. 고령 환자나 장기 처방 환자의 경우 잘못된 의약품 처방은 인체에 치명적이고 목숨을 잃기도 합니다. 따라서 의약품에 대한 효과와 부작용, 주의점들에 대해 꼼꼼하게 잘 알고 있어야 합니다.

약사가 적성에 맞는 학생은 어떤 학생일까요? 무엇보다 약과 의료에 관련된 최신 정보와 이론을 꾸준히 볼 수 있는, 학문에 대한 관심과 열정이있는 학생입니다. 그리고 처방된 많은 의약품들이 제대로 옳게 처방되었는지 실수 없이 검수할 수 있는 꼼꼼한 성격과 환자의 건강에 관심을 가지고 헌신할 수 있는 이타적인 성격을 가진 학생들이 약사의 직업에 적합합니다.

# 약학의 진로 방향

약국에서 근무하는 약국 약사, 종합병원의 약세부에서 근무하는 병원 약사, 제약 회사 연구직, 그리고 식품의약품안전처 혹은 국립과학수사연구원에 근무하는 공무원이 있습니다. 추가적으로 변리사도 될 수 있습니다.

여기서 병원 약사가 가진 약국 약사와의 차이점은 다루는 약들이 굉장히 다양하다는 점과 항암제와 같은 비싼 약들을 다룰 수 있다는 것, 그리고 다양한 질환의 환자를 만날 수 있다는 점이 있습니다. 다양한 약을 경험하고 싶다고 생각하는 이들이 보통 병원 약사로 근무합니다. 공무직을 원한다면 식품의약품안전처나 국민건강보험공단으로 갈 수 있습니다. 식품의약품안전처는 시중에 있는 의약품들의 제조, 운반, 판매 과정들에서 의약품의 안전에 문제는 없는지 확인하는 업무를 주로 하고 국민건강보험공단의 경우 환자들에게 처방되는 약들이 경제적으로 실효성이 있는지 판단하는 역할을 하게 됩니다. 최근 약물로 인한 범죄나 마약 범죄가 늘어남에 따라 이를 연구할 수 있는 국립과학수사연구원에서 약사들을 많이 구인하고 있습니다.

많은 학생들이 막상 약사라는 직업을 생각하면 약국에서 단순하게 '약을 조제하고 판매하는 직업' 정도로 생각하고 약사의 업무가 굉장히 단조롭고 몸이 편한 직업이라고 생각하지만 그렇지 않습니다. 약국을 운영하는 약사는 약을 조제하는 의료 전문가이기도 하지만 동시에 약국이라는 업장을 운영하는 자영업자이기도 합니다.

단순히 약을 조제하는 것뿐만 아니라 새로운 약을 사입하거나 의약품이 들어오고 나가는 것을 기록하고, 약을 정리하고 청소를 하는 등 사장으로서의 업무도 충실해야 합니다. 병원에서 일하는 약사의 경우 매월 새롭게 등장하는 약들에 대해 공부하는 열정을 가지고 있어야 하고, 환자에게 올바른 약을 조제해야 한다는 책임감을 가지고 있어야 할 것입니다.

약사라는 직업은 '바퀴'라고 생각합니다. 단순히 약사 면허만을 가지고 같은 업무만 반복하여 단조로움과 권태를 느끼는 약사도 많이 있지만 약사라는 직업을 통해 책을 쓰거나, 새로운 약을 개발하거나, 혹은 방송 활동을 하며 다양한 경험을 하는 약사님도 많이 있습니다. 결국 약사라는 면허를 가진 사람의 태도에 따라 약사라는 직업의 가치가 달라진다고 생각합니다.

# 7장

# 화학

우리가 직접 손으로 다룰 수 있는
물질이 있는 한,
화학은 존재한다

장홍제 교수

# chemistry

#화학자

#과학수사

#유물분석가

#법률상담사

#교육자

진로를 고민할 때 화학과 가장 비슷하게 느껴지는 이공계 분야는 아마도 화학공학일 것입니다. 화학과 화학공학이라는 두 전공은 과연 얼마나 같고 다른 점은 무엇이 있을지, 그리고 둘 중 나에게 더 잘 맞는 것을 찾는 방법은 무엇인지에 대해서 소개하고 몇 가지 재미있는 화학 분야의 이야기를 소개해 보려 합니다.

## 화학이란 무엇일까

우주가 탄생하는 시점에도 화학이 있었을까요? 전혀 아닙니다. 화학이라는 분야가 성립되기 위해서는 반드시 '물질'이 있어야 합니다. 화학은 물질의 형성과 변화를 연구하는 자연과학 분야인 만큼, 우리가 직접 손으로 다룰 수 있는 물질이 있어야 그때부터 화학이 시작됩니다.

우리가 살아가는 지구의 탄생 시점부터 따라가 볼까요. 지구의 대부분은 물로 덮여 있습니다. 단순한 표면만이 아니라 깊은 심해

까지 모두 물로 가득 차 있습니다. 가장 높은 산이라는 에베레스트 Everest보다 훨씬 깊은 마리아나 해구도 있는 것처럼 지구의 물은 우리 생각보다 어마어마하게 많은 양입니다. 이 많은 물은 어디서 왔을까요? 과거 뜨거웠던 지구가 식어 가며 대기 속의 수증기들이 비가 되어 쏟아졌다는 추측이나 운석과 함께 물이 지구에 왔다는 이야기도 있었지만, 그러기에는 필요한 물이 정말 많습니다. 재미있게도 지구가 물로 뒤덮이게 된 것 역시 광물의 화학 반응에 의해서입니다. 마그네슘 하이드로실리케이트Magnesium hydrosilicate라는 광석의 화학적 구조가 붕괴하며 물이 송글송글 나와 샘물처럼 지구에 물이 생겨났다고 해석되고 있습니다. 이처럼 흥미로운 과정을 거쳐 우리가 알고 있는 현재의 지구가 탄생합니다.

물이 화학 반응으로 생겨났고, 초기의 지구 바다에서는 강력한 에너지의 번개나 화산 폭발, 수백℃에서도 끓지 않는 심해열수구의 작용으로 본격적인 화학 반응들이 시작됩니다. 원자들은 서로 결합을 이뤘다 끊어지기도 하고, 나란히 연결되거나 뭉치기도 하고 다시 흩어져 자유롭게 떠돌아 다니기도 합니다. 기적적인 우연의 결과로 최초의 생명체인 세포가 만들어졌으리라 이야기되기도 하지만, 오히려 안정함과 불안정함의 차이에서 시작되는 화학 반응으로 달성된 체계적인 결과로 보는 관점이 최근에는 더 많습니다. 생명체가 진화해 더욱 복잡한 생물이 된 것처럼, 생명의 탄생은 오롯이 화학이 만들어 낸 화학적 진화의 결과라는 이야기입니다. 결국 화학은 지구의 탄생과 함께하긴 했지만, 아직은 인간의 무대가 아니었습니다. 지구라는 화학자가 담당한 시간을 거쳐 생명과 생물의 장대한 역사를 넘어 인간이 등장한 순간, 그리고 최초의 화학 반응이라는 연소를 만나 불을 다루게 된 순간부터 화학은 우리에게 주어졌습니다.

한 명의 인간을 구성하는 원자는 모두 몇 개나 될까요? 우리는 영원히 정확한 값을 알 수 없을 정도로 거대하고 변화무쌍한 답을 내립니다. 생명체를 구성하는 핵심을 크게 네 가지로 구분하는데, 흔히 3대 영양소라 부르기도 하는 단백질과 탄수화물, 그리고 지질에 암호화된 유전 정보이자 가장 흥미로운 대상인 핵산입니다. 핵산은 크게 DNA와 RNA로 나눠 볼 수 있습니다. 우리는 DNA라는 거대한 도서관에 모든 정보를 모아 두었고, 필요한 순간 몇 권의 책을 골라 중요한 내용만 옮겨 쓰게 됩니다. 이 핵심 정보가 RNA입니다.

인간의 DNA는 무려 30억 쌍, 그러니까 60억 개나 되는 염기로 이루어져 있으며, 염기들을 연결하고 친숙한 이중나선 구조를 만드는 뼈대에도 또 다른 원자들이 사용됩니다. 하나의 DNA에만 최소

한 2,000억 개 이상의 원자가 필요한데, 세포마다 DNA를 가지고 있고, DNA를 RNA로 바꾸고 단백질을 만드는 과정에도 또 다른 생체 물질들이 수없이 사용됩니다.

태양계와 우리 은하, 그리고 근처의 안드로메다 은하와 수없이 많은 은하로 이루어진 우주의 웅장함에 감동 받곤 합니다. 과연 우주에는 몇 개나 되는 별이 있는 것일지 아득함을 느끼곤 하지만, 우주의 모든 별보다 한 명의 인간을 이루는 원자의 개수가 더 많습니다. 작은 생명의 세계를 소우주<sup>Microcosmos</sup>라 부르는 것은 나름대로 타당성이 있는 셈이죠. 그리고 이 수많은 원자와 분자가 변화하고 춤추는 것을 바라보는 작지만 거대한 아름다움은 화학의 매력입니다.

하나 더 세상과 원자에 대한 낭만적인 이야기를 한다면 모든 것의 순환이 사실이라는 점이 아닐까 싶습니다. 여러분의 몸을 이루고 있는 원자들은 새롭게 생겨나거나 어딘가로 소멸해 사라지지 않습니다. 간혹 핵융합이나 핵분열과 같은 특별한 사건들을 떠올리기도 하시만, 이는 화학 반응이 아닌 물리적 작용의 결과입니다. 결국 우리 몸을 구성하는 원자의 순환을 거슬러 올라간다면 지구를 누비던 공룡의 몸을 이루던 원자는 동일합니다. 그만큼 원자의 개수는 무궁무진하며 위치만 바꿔 모든 물질을 이루고 있습니다. 아마 우리가 세상에 없어진 이후에도 미래의 생명체와 지구를 구성하고 있 겠죠. 순환하는 생명과 형태를 바꾸는 지구는 화학적으로 영원한 세계인 셈입니다.

원자는 셀 수 없이 많지만 종류마다 구분한다면 의외로 하나의 표로 모두 기록할 수 있습니다. 바로 화학에서 최고의 발명이라 불 리는 주기율표 Periodic table 입니다. 주기율표는 화학자들에게 지도나 사전과 같습니다. 원소마다의 공통점을 이해하고, 새로운 물질을 설 계할 때 어떤 원소들을 조합하면 이런 성질이 나오지 않을까 예측 할 수 있도록 도와주는 힌트와 같습니다. 아마 주기율표를 전혀 외 우지 못하는 화학자들도 아주 많을 것입니다. 우리는 백과사전이나 영어사전에 있는 모든 단어를 순서대로 외우지 않고 필요할 때마다

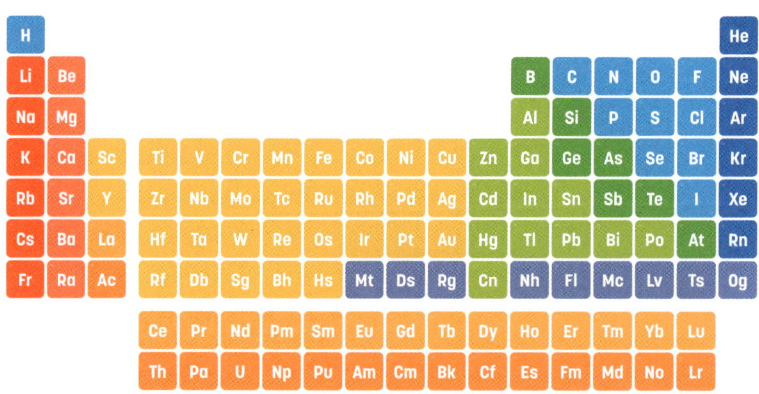

찾아서 확인합니다. 주기율표도 마찬가지로 필요할 때 찾아볼 수 있도록 세상을 이루는 원소들의 기본 규칙이 정리된 사전이자 지도입니다.

# 화학의 목적과 의미

그렇다면 화학은 어떤 의미가 있고 왜 중요할까요? 인류가 지금까지 발명한 모든 것은 과학과 관련이 있습니다. 활자도 기계장치이며 문자도 체계이고 음악도 주파수를 통한 수학적 관계입니다. 실제로 음계의 첫 발명자가 직각삼각형의 빗변 길이 계산으로 유명한 피타고라스니 말입니다.

조금 더 복잡하고 세상과 역사를 바꿔 온 물건들, 예를 들어 로켓이나 나침반, 화약과 같은 혁신적인 물질은 화학적으로 탄생했습니다. 첨단 기술에서 가장 중요하게 등장한 잉지 컴퓨터도 마찬가지입니다. 물리적인 이론과 전자적 알고리즘으로 설계된 양자 컴퓨터를 실제로 만들어 낼 수 있는 것의 핵심은 물질에 대한 선별입니다. 어떤 원소와 분자, 화합물로 구성해야 이론적인 수치를 이뤄 낼 수 있을지를 끝없이 계산하고 시도합니다. 물리학이 제안한 설계도를 직접 만들어 내는 모든 과정은 화학의 시간에서 이루어지는 것입니다.

결국 화학에서는 이론을 현실로 바꾸는 실험이 필수가 됩니다. 요리의 경우, 아무리 맛있는 요리여도 실제로 만들어 보거나 혹은 적어도 먹어 보며 오감으로 느껴 봐야 가치 있습니다. 글로 쓰여 있는 조리법만 열심히 읽고 외운다면 그보다 재미없는 작업은 없겠죠. 화학도 마찬가지입니다. 만약 화학이 지겹고 어렵게만 느껴진다면 직접 실험해 볼 때입니다. 아무리 간단한 실험이어도 직접 해 보며 변하는 모습을 바라본다면 감춰진 매력을 느낄 수 있습니다.

화학은 자연과학의 한 종류입니다. 이 역시 매우 복잡하고 흥미로운 구분이 있습니다. 대학교에서는 흔히 자연과학대학에 수학과와 물리학과, 화학과, 천문학과, 생명과학과 등 여러 학과들이 포함되어 있습니다. 우주의 법칙을 규명하는 물리학이나 생명체의 구성과 기능을 밝혀내는 생명과학 등 다양한 과학 분야들은 저마다의 매력을 갖습니다. 그리고 화학의 매력 중 하나는 우리 일상과의 밀접성입니다. 지금 여러분이 보고 있는 책을 구성하는 종이나 입고 있는 옷, 앉아 있는 의자와 책상, 무의식적으로 들이쉬고 내쉬는 공기, 심심해 한 입 베어 무는 간식 모두가 화학 물질입니다. 아침에 일어나 세수하고 양치할 때 사용하는 비누와 치약, 기름진 머리를 상쾌하게 씻어 내는 샴푸와 물을 흡수해 닦아 내는 수건도 모두 화학물질이자 화학적 원리로 구성되었습니다. 자연스레 이 화학 물질들을 찾아내고 개량하며 만들어 내고 또 필요가 다 하면 분해되어 순환될 수 있도록 설계해 실험으로 증명하는 것 모두가 보이지 않는 화학자들의 역할입니다.

화학자들은 화학을 즐거운 조립 장난감처럼 느끼기도 합니다. 원자들이 연결된 형태와 방식에 따라 분자의 성질이 달라지는 것, 조합된 원소들의 종류와 개수에 따라 완전히 다른 물질이 탄생하는 것처럼 작은 조각들을 이어 붙이고 나누며 새로움을 창조하기 때문입니다. 물론 그 과정에서 예상치 못했던 뛰어난 발견이 시작되기도 하고, 반대로 지구 환경과 생명에 위협을 줄 수 있는 위험과의 조우가 생겨날 수도 있습니다. 하지만 이 모두를 이해하고 제어할 수 있다는 것이 화학의 매력입니다.

하지만 일반 대중 입장에서는 이름도 복잡한 화학 물질들이 막연한 불편함으로 다가오는 것이 당연합니다. 화학 물질에 대한 공포증을 의미하는 케모포비아Chemophobia라는 사회적 현상으로 시삭되었지만, 어느새 이제는 화학이라는 학문 자체를 두려워하는 것으로까지 번져 갔습니다. 누구의 문제일까요? 사실 화학에 대한 공포는 어느 누구의 문제도 아닌 인간의 인식이 과학 발전을 따라가지 못하기 때문에 발생하는 자연적인 현상입니다. 사춘기 같은 것으로 볼 수 있겠죠. 우리가 오랜 역사를 통해 경험과 문화, 언어로 형성한 내용에 사로잡혀 있는 것입니다.

하나 예를 들어 볼까요. 우리는 막연히 지하수는 깨끗한 청정수로, 빗물은 그보다는 덜 하지만 그대로 마셔도 괜찮을 정도, 강물은 왠지 오염되어 있을 듯한 기분이며 하수는 냄새나고 세균으로 가득한, 사실상 독과 다름없는 물로 연상합니다. 이제는 정수 기술이 완벽히 이루어져 어느 물이든 식수로 사용할 정도로 정화가 가능합니다. 하지만 다른 원천을 갖는 네 가지의 물을 완전히 정수해 그 어떤 오염 물질도 남아 있지 않은 상태로 만들었다 해도, 우리는 여전히 하수에서 유래한 순수한 물에는 꺼림칙한 느낌을 받습니다. 한 잔을 선택해 마시라면 100명이면 100명 모두가 지하수를 선택해 시원하게 들이킬 것입니다. 하지만 세대가 거듭되며 무엇으로든 완벽히 동일한 물을 얻을 수 있다는 사실이 보편화 된다면, 그때부터

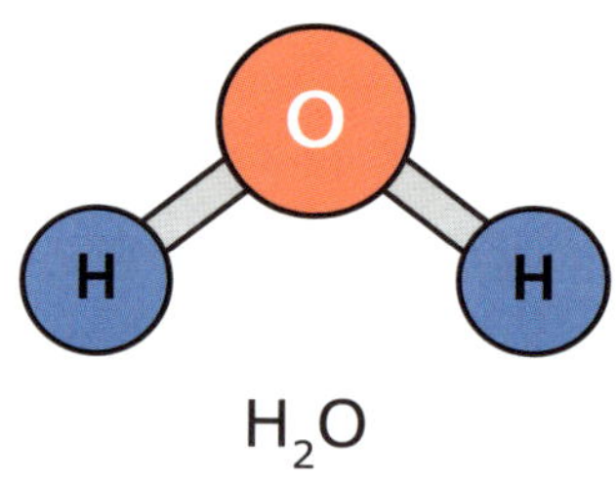

는 누구도 크게 고민하지 않는 문제가 될 것입니다.

과학적 언어가 갖는 무게감도 영향을 줍니다. 물이라는 단어에서는 상쾌하고 갈증이 해소되는 느낌과 자연의 싱그러움을 느낍니다. 하지만 굳이 이를 화학적 분자명인 dihydrogen monoxide라 나열한다면 상쾌함은 온데간데없고 왠지 모를 유해함이 풍겨 오기 시작합니다. 과학과 일상의 용어는 분명 구분되지만, 문제가 발생하는 것은 화학이 인간의 삶에서 빠지는 곳이 없기 때문입니다.

사람들이 궁금해 하는 것 중 하나는 화학의 시작과 끝에 대해서입니다. 화학의 시작은 지구와 인간이라는 서로 다른 두 화학자의 경우로 첫 만남을 살펴봤지만, 화학에 끝도 있을까요? 모든 원소를 다 찾아낸다면 더 이상 세상을 구성하는 재료에 대한 궁금증과 가능성은 없어지는 걸까요? 밝혀낼 화학이 사라지는 순간은 오지 않습니다. 원자들을 연결하는 순서와 방식에 따라 완전히 다른 물질이 되는 것처럼, 조합의 경우만큼이나 물질은 다양해집니다. 만약 정말 모든 물질을 만들고 연구해 더 이상의 화학이 이어지지 못할 상황이 된다면, 아마 인간의 과학과 문명, 기술도 그 순간이 최고점이자 종말의 시작일 것입니다. 아무리 뛰어난 이론이 있어노 더 이상 구현해 낼 수 없으니 현실과 공상은 완벽히 갈라서고 진보는 멈추고 말 것입니다.

# 역사 속 화학의 역할

　다양한 과학 기술과 의학 지식, 사회적 제도가 발전하며 인구는 계속해서 증가합니다. 하지만 늘어나는 사람들을 먹이기 위한 곡물을 재배하는 농업에는 한계가 있었습니다. 땅의 넓이가 충분하더라도 식물이 자라나며 소모하는 땅의 영양이 고갈되기 때문입니다. 농업을 위한 식물의 영양 공급은 비료를 통해 가능하죠. 한정적인 천연 비료 대신 화학적으로 비료를 만들어 낼 수 있게 되는 순간, 모든 것이 달라지는 농업 혁명이 시작됩니다.

　사실 비료의 재료는 별다르지 않습니다. 특히 질소가 중요한데, 재미있게도 지구를 둘러싼 공기 중에는 질소가 78%나 함유되어 있습니다. 그렇다 해서 식물이 호흡하며 공기 속의 질소를 자유롭게 사용하고 건강하게 자라날 수는 없습니다.

　수많은 과학자들은 공기 속을 떠다니는 질소를 우리가 사용할 수 있는 화합물로 고정시키는 기술에 도전했으며, 독일의 화학자 프리츠 하버가 처음으로 성공합니다. 이 기술은 지구에서 사용되는 전체 에너지의 1% 이상을 사용하고 있으며, 전 세계 인구의 1/3을 먹여 살리고 있습니다. 공기로 연금술을 이뤄 냈다고 평가받기도 합니다.

비료가 개발되며 인구는 더욱 가파르게 증가했을 것 같지만, 가장 큰 변화를 만들어 낸 사건은 따로 있습니다. 바로 항생제의 발견입니다. 이로 인해 의약품이 발달되어 난치병이 하나씩 극복되었기 때문입니다. 간혹 열대 지역에서 모기에 물려 말라리아에 걸리는 경우가 있습니다. 말라리아 세균은 적혈구를 공격해 죽이는 미생물입니다. 말라리아 세균을 퇴치할 수 있는 치료제로는 키나$^{Quinine}$라는 식물에서 추출되는 천연물이 존재하지만, 한정된 지역에서만 자라나고 대량으로 얻기 어렵다는 문제가 있었습니다. 역시나 해결책은 화학적 합성이었습니다. 푸른곰팡이에서 페니실린을 얻어 내 전쟁의 부상병들과 환자들의 목숨을 구해 내기도 했고, 당구공 제작에 사용되는 상아를 대신할 플라스틱의 탄생으로 코끼리를 보존하는 것 모두 화학의 긍정적인 역할이었습니다.

# 화학과 화학공학의 차이점

　화학에서 찾아낸 원리와 반응을 대량 생산이 가능한 실용적인 형태로 변화시키는 분야가 화학공학입니다. 처음에는 화학공학이라는 분야 대신 공업화학이라는 화학의 한 갈래로 모든 것이 시작됩니다. 값비싼 보라색 색소를 화석 연료 찌꺼기로부터 분리해 낸 윌리엄 퍼킨에 의해서입니다. 자연과학은 학문적인 발견 자체로도 중요성이 높습니다. 하지만 화학이 실생활과 밀접하다는 특징을 고려한다면 조금 더 유용하고 쓸모 있는 형태로 발전시킬 수 있는 편이 좋겠죠. 공업화학과 화학공학은 물질의 변화를 현실로 가져오는 역할입니다.

　화학과 화학공학은 분야명도 비슷하고 화학과 관련된 내용을 다뤄 비슷한 분야로 오해받지만 서로 별다른 관련이 없습니다. 화학은 자연과학으로 이과로 구분되며, 화학공학은 이름대로 공학이어서 공대에 소속되어 있습니다. 단순한 소속을 떠나 실제로 가장 중요하게 생각하는 기초 능력 역시 화학과는 화학에 대한 관심과 열정을 중요시하지만, 화학공학과는 화학을 배우지 않습니다. 아주 기초적인 대학교 신입생 수준의 화학을 맛보는 정도입니다. 오히려 화학공학은 수학과 물리가 중요합니다. 만약 화학을 잘하고 좋아하는 학생이라면 화학과에 진학해야 합니다. 반대로 수학과 물리를 잘한다면 화학공학과를 선택하는 것이 현명합니다.

과거에는 화학은 기초과학 연구로 학문적인 성취에만 집중되어 있으며, 화학공학은 화학이 발견한 사실을 응용해 공정을 설계해 실제 공장 도입까지의 실무만을 담당한다고 생각되어 왔습니다. 하지만 이제는 화학과에서도 창업과 신기술화까지 모두 맡으며 화학공학과에서도 기초 연구를 진행하는 것이 흔합니다. 학문 간의 경계선이 많이 무너져 융합적 인재가 요구되고 있기 때문이기도 합니다. 확실한 것은 배우고 익히는 동안 더 튼튼한 기초와 뛰어난 능력을 만들 수 있는 곳으로 진학하는 것이 좋습니다. 내가 어떤 과목을 즐거워하며 잘할 수 있을지를 다시 한번 점검해 보면 좋겠습니다.

## 화학의 분야

화학은 다양한 세부 분야로 구성됩니다. 진로를 결정하고 대학교에 진학한 이후 공부하며 접해 보면 되니 미리 공부할 필요는 전혀 없습니다. 그래도 간단히 몇 가지 큰 종류만 소개한다면 유기화학, 무기화학, 물리화학, 분석화학 그리고 생화학의 다섯 가지 분야로 구분됩니다. 아주 크게 고전적인 다섯 분야를 이야기하는 것뿐, 실제 화학 분야는 40여 가지가 넘게 나뉘어져 있습니다. 그 세부 분야를 선택해 더 공부하고 전문가가 되기 위해서는 대학교 졸업 이후 대학원에 진학해야만 합니다.

유기화학은 탄소와 수소로 이루어진 화학 물질을 뜻하는 유기화합물의 성질과 구조, 합성과 변환을 연구하는 분야입니다. 반대로 무기화학은 유기화합물을 제외한 세상의 모든 물질을 다루는 가장 거대한 화학 분야입니다. 물리화학은 물리적인 관점과 이론으로 화학을 연구하는 조금 더 작은 세계의 화학이자 이론적인 분야로 이야기될 수 있습니다. 실험이 활용되어 레이저나 초고해상도 현미경 등을 이용한 분야, 그리고 컴퓨터 시뮬레이션과 계산으로도 확장되고 있습니다. 분석화학은 가장 오래된 화학 분야 중 하나로 물질을 분석하고 성질을 밝혀내는 행위 자체와 연관됩니다. 우리가 드라마 등에서 보는 마약이나 위험 물질을 분석하고 찾아내는 것, 질병이나 감염 유무 등을 확인하는 것 모두가 분석화학에 속합니다. 그리고 생화학은 생명 반응을 화학적인 관점과 이론으로 파헤치는 분야로 생명과학과의 중복되는 경계에 있다고도 생각할 수 있습니다.

하나만 추가한다면 나노화학이라는 최첨단 분야를 소개할 수 있습니다. 화학이 성립되기 위해서는 반드시 물질이 필요했으며, 화학에서 이야기하는 물질의 최소 단위는 원자입니다. 원자보다 더 작은 미립자들도 계속해서 발견되고 있지만, 모두 입자물리학의 영역이자 우리가 생각하는 물질을 구성하는 데는 아무런 관계없는 입자들입니다. 그렇다면 원자 하나의 크기 정도가 화학에서 접근할 수 있는 가장 작고 의미 있는 세계가 되겠죠. 하나의 원자는 약 0.1~0.3나노미터라 이야기됩니다. 나노미터 세계보다 작은 곳에는 화학이 없습니다. 가장 작은 화학의 마지막 경계에서 일어나는 특별한 현상들을 연구하는 나노화학이라는 분야는 가장 매력적이고 동화 같은 세계라 할 수 있습니다.


나노화학이라는 단어가 조금 딱딱하고 어렵게 느껴집니다. 첨단 과학 분야에서 빠르게 발전하는 듯싶어 실제 사용되는 곳이 있을까 의심스럽지만 의외로 오래전부터 사용되어 왔습니다.

과거 중세 시대 대성당이나 궁전을 꾸미는 데 사용되었던 스테인드글라스는 나노화학 기술의 중요한 예시입니다. 밖에서는 단순히 회색의 돌로 이루어진 벽면 같지만, 건물 내부에서는 창문을 뚫고 들어오는 햇빛을 통해 화려한 색상이 나타납니다. 유리 속에 아주 작지만 햇빛을 반사할 수 있을 정도의 알갱이들이 포함되어 있어 나타나는 특징입니다. 우리가 인식할 수 있는 가시광선이 400~700나노미터 파장인 것을 생각한다면, 유리 속의 알갱이들 역시 상호 작용할 수 있을 나노미터 크기라 생각해 볼 수 있겠죠. 실제로 금이나 은과 같은 금속으로 이루어진 작은 나노 입자들은 빨간색, 노란색, 녹색 등 선명하고 아름다운 모습을 갖습니다. 우리가 쉽게 상상하는 금빛과 은빛의 알갱이가 아닌 화려한 무지개 색의 구슬들인 것입니다.

지난 몇 년간 확산되어 유행했던 COVID-19를 검사하기 위해 사용했던 간이 테스트기의 붉은색 선, 그리고 임신 여부를 확인하기 위한 테스트기의 붉은색 선 등도 금으로 이루어진 나노입자로부터 만들어지는 색상입니다. 미래 현실이 될 것으로 기대되는 나노 로봇이나 의약품의 전달 기술, 이산화탄소와 오염 물질의 제거, 태양광 발전을 넘어선 이후의 차세대 발전 기술들 모두에 나노화학을 비롯한 다른 화학들이 서로 얽혀 가며 만들어 내고 있습니다.

# 화학과의 진로 방향

화학은 물질을 다루는 학문이었습니다. 그리고 세상에는 물질로 이루어지지 않은 것이 없죠. 그렇기에 화학과의 진로는 모든 곳입니다. 다양한 화학 물질을 합성하고 생산하는 분야로만 진출할 것 같지만 어디든 가능합니다. 화학 물질을 수입하고 관리하는 등의 작업에도 화학에 대한 지식이 있어야 안전하게 관리 가능하기 때문에 법률 상담이나 관리 분야에도 진출합니다. 과거 명화나 조각상 등 유물의 연대를 측정하고 분석하는 데도 손상을 피해 정확한 검사가 필요하기에 화학자가 필요합니다. 당연히 과학수사나 검사에도 말입니다.

결국 화학과에 대한 진로와 목표는 간단히 정리됩니다. 화학에 관심이 있다면 충분히 진로를 생각할 수 있습니다. 이후의 진출 방향은 본인이 설계해 만들어 갈 수 있습니다. 모든 가능성이 숨 쉬고 있는 만큼 물질, 향, 맛, 정보, 분석, 생산, 환경, 전자 등 할 수 없는 일은 없습니다.

# 8장

# 물리학

첨단 기술의 개발과
산업 발전이 필수적인 시대의
선두주자

고재현 교수

# physics

#물리학자

#교직

#국가연구소

#한국표준과학연구원

#산업체 연구소

✳ ✸

가을 하늘을 가득 채운 파란색 빛, 이를 배경으로 빠르게 날아가는 비행기의 운동, 겨울철 내 손 위로 사뿐히 내려앉는 눈송이, 밤하늘 아득한 거리를 날아와 밤을 희미하게 비추는 별빛들…. 때론 친숙하고 때론 경외감을 일으키는 이 모든 현상을 설명할 수 있는 학문이 있습니다. 바로 물리학입니다.

여러분은 물리학 하면 어떤 이미지가 떠오르나요? 그저 어렵게만 느껴지나요? 일반인들에게 물리학은 가장 어려운 기초과학이라는 인식이 강합니다. 그런데 사실 과학은 다 어렵고 학문을 한다는 건 쉽지 않은 과정입니다. 그럼에도 어려움 속에서 자연을 탐구하고 알아 가는 재미가 숨어 있습니다.

## 물리학이란 무엇일까?

국어사전에 물리학을 찾아보면 '자연 현상의 보편적인 법칙을 연구하는 자연과학의 한 분야'라고 되어 있습니다. 자연 현상이란 떨어지는 폭포, 하늘에 떠다니는 구름, 우리가 물건을 던졌을 때 움직이는 것들 등 우리 주변에서 벌어지는 모든 현상을 말합니다. 이런 자연 현상에 대한 보편적인 법칙을 연구하는 자연과학의 한 분야를 물리학이라고 합니다.

그럼 물리학에는 세부적으로 어떤 것들이 있을까요? 사물의 운동을 연구하는 역학, 전기 및 자기 현상과 관련된 전자기학, 열역학이 있습니다. 그리고 이외에도 양자역학과 상대성이론을 포함하는 현대 물리, 파동역학, 유체역학, 광학 등 다양한 분야가 있습니다. 이렇게 다양한 분야를 포괄하는 물리학이란 학문은 언제 탄생한 것일까요?

# 물리학의 역사

물리학이란 학문이 언제 성립되었는지 정확히 이야기히기는 힘듭니다. 그렇지만 세상의 존재와 기원에 대한 질문이라면 불리학의 기원은 고대 그리스 시대의 자연철학자까지 올라갑니다. 실제로 물리학을 나타내는 영어인 physics의 어원은 고대 그리스어 φύσις[피]

시스에서 왔는데 '자연의 학문'을 뜻하는 단어였다고 합니다. 이것이 라틴어 physica로 바뀐 후 현대의 영어 단어 physics로 정착되었습니다.

인간이라면 누구나 우리 자신의 기원, 우주 만물을 구성하는 근본이 무엇인지에 대한 궁금증을 갖고 있습니다. 고대 사람들도 마찬가지였습니다. 밀레토스 학파의 철학자 탈레스는 사물의 기본 요소가 물이라 주장했고 또 다른 철학자 데모크리토스는 절대 나눌 수 없는 원자라는 입자의 존재를 주장했습니다. 중세에 큰 영향을 끼친 아리스토텔레스는 소위 4원소설, 즉 세상의 모든 물질이 흙, 불, 물, 공기로 이루어졌다고 주장했습니다.

하지만 그리스 시대 자연철학자들의 논쟁은 엄밀한 실험을 거치지 않고 논리적인 추론만으로 주장을 뒷받침하는, 다소 사변적인 차원에 머물렀습니다. 고대 그리스의 과학 전통을 이어받아 보존하고 발전시킨 건 중세 이슬람의 문화였습니다. 중세 이슬람 학자들은 그리스와 로마의 문헌들을 최대한 지키고 번역하고 창조적으로 발전시키려 노력했고, 실험을 통한 검증이라는 과학적 방법론도 중요하게 생각했습니다. 이런 학문적 전통이 중세 유럽으로 전파되면서 유럽의 과학 혁명을 이끌게 되었죠.

중세 과학 혁명에서 가장 대표적인 물리학자는 여러분들도 다 아는 아이작 뉴턴입니다. 뉴턴은 만유인력과 세 가지 운동 법칙을 확립

해 고전역학의 토대를 엄밀하게 구축했습니다. 그가 제안한 고전역학은 지상의 물체뿐만 아니라 태양과 달의 운동을 포함한 천체의 운동까지 완벽히 설명할 수 있었습니다. 이와 더불어 전자기학, 광학, 열역학과 같은 학문 분야들이 서서히 분화해 나가기 시작했습니다.

그럼에도 20세기 전후로 인류는 기존의 과학으로 이해하기 힘든 현상들을 발견하기 시작했습니다. 하나는 빛의 속도에 근접하는 엄청나게 빠르게 움직이는 입자들의 운동이었고, 다른 하나는 원자나 분자처럼 매우 작은 세계 속에서 벌어지는 일이었습니다. 광속에 근접한 빠른 운동을 이해하고자 하는 과정에서 아인슈타인의 상대성 이론이 탄생했고, 원자의 세계를 이해하려는 노력에서 양자역학이 탄생했습니다.

## 물리학의 분야

야구 선수가 배트를 휘두를 때 각도에 따라 어디로 날아갈 거라

는 예감이 있습니다. 자신의 경험을 근거로 공의 궤적을 미리 예상하는 거죠. 이렇게 사물의 움직임을 예측하고 그 예측을 바탕으로 여러 가지 일을 할 수 있습니다.

화산이 터질 때 흘러나오는 용암의 처음 상태와 조건을 알면 이후 움직이는 방향을 예측할 수 있으며, 로켓 또한 발사 후 시간마다 어느 경로로 움직여서 어느 곳에 도착하는지 완벽하게 예측됩니다. 지구를 포함한 행성들, 그리고 은하 속 수많은 별의 움직임 또한 정보만 충분하다면 완벽하게 예측할 수 있습니다.

이 모든 걸 처음 생각해 낸 사람이 바로 아이작 뉴턴입니다. 뉴턴은 어떤 힘을 받고 있는 물체가 처음 어디에 위치해 있었고 어느 정도의 빠르기로 움직이면 이후에는 어떤 움직임을 보일지에 대해 완벽하게 예측하는 식을 만듭니다. 바로 $F=ma$라는 유명한 식입니다. 이 식은 m이라는 질량을 가진 물체에 F라는 힘이 주어질 때 그 물체는 a라는 가속도를 경험한다는 걸 알려 줍니다.

$$F = m \times a$$



1977년 천문학자 칼 세이건이 주도해서 보이저라는 이름의 두 탐사선을 쏘아 올렸습니다. 이 탐사선이 바로 인류 최초로 태양계를 벗어난 인공 비행체입니다. 우리가 빛을 쏘면 그 빛은 1초에 지구 7바퀴 반을 돕니다. 그 속도로 스물 몇 시간을 날아가야 이 탐사선에 도착합니다. 그 정도로 멀리 떨어져 있음에도 과학자들은 이 탐사선의 위치를 정확하게 알 수 있습니다. 1977년에 쏘아 올린 탐사선의 궤적을 지금도 완벽하게 예측할 수 있으니, 앞으로 3만 년, 10만 년 뒤에는 그 탐사선이 어디에 있는지도 알 수 있겠죠. 이처럼 힘을 받는 사물들의 운동을 정확히 분석하고 예측하는 학문을 역학이라고 합니다.

전자기학

전기는 어떻게 만들어질까요? 소나무에서 송진이 흘러내리면서 굳는 것은 호박이라고 합니다. 보석의 일종이지요. 가령 천으로 호박을 문지르면 정전기가 만들어집니다. 마찰은 옛날부터 사람들이 전기를 만들던 가장 오래된 방법입니다.

마찰은 전기를 만들기 때문에 정전기의 끝판왕을 번개라고 볼 수 있습니다. 얼음 알갱이들이 포함되어 있는 구름이 상하로 움직이면서 마찰을 일으키면 엄청난 양의 정전기를 품고 있게 되는데, 그 정전기가 땅으로 연결되어 방진되면서 우리가 보는 번개가 만들어지는 겁니다.

전기의 원인은 원자입니다. 원자 가운데에는 핵(+)이 있고, 핵 바깥으로는 전자(-)가 돌고 있습니다. 이를 바탕으로 과학자들이 실험해 보니 같은 전하끼리는 서로 밀고, 다른 부호의 전하들끼리는 서로 당기는 것을 발견할 수 있었습니다.

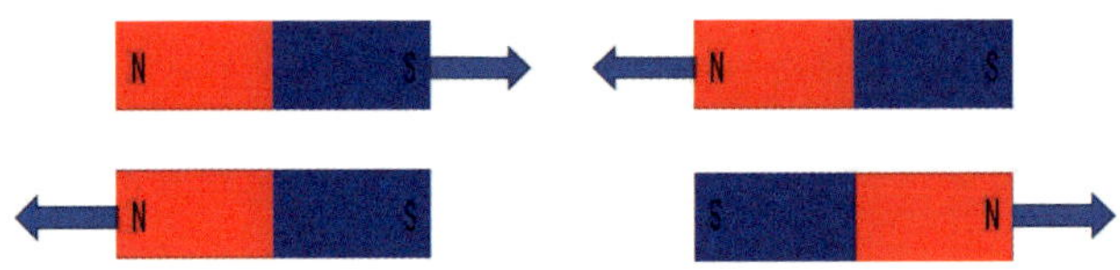


N극과 S극, 두 개의 극으로 구성된 자석은 우리에게 친숙합니다. 전기와 비슷하게 자석도 같은 극끼리는 서로 밀고 다른 극끼리는 당긴다는 걸 알 겁니다. 그런데 여러분은 지구가 하나의 거대한 자석이라는 걸 알고 있었나요? 나침반을 보면 N극이 북쪽을 가리키는 걸 볼 수 있습니다. 이는 지구라는 자석의 S극이 북극 쪽에 위치해 있다는 걸 알려 줍니다. 여기서 재미있는 한 가지 사실은, 자석은 전기를 띠며 움직이는 입자를 밀어내는 성질을 가지고 있고, 그렇기에 태양이 사방으로 뿜어내는 엄청난 에너지의 전기를 띤 입자의 흐름을 막아 주고 있다는 겁니다. 만약 지구가 자석의 성질을 갖고 있지 않았다면 그 입자의 흐름이 지상으로 내려와 생명체에 치명적 해를 입힐 겁니다. 결국 지구라는 자석이 만드는 지자기가 지

구의 생명체에게는 굉장히 중요한 역할을 한다는 것을 알 수 있습니다. 전기가 없는 하루를 상상할 수가 있을까요? 휴대폰을 쓰는 것부터 냉장고, 텔레비전, 조명에 이르기까지 우리는 전기가 없는 삶을 절대 상상할 수 없을 겁니다. 전기는 우리에게 유용한 에너지를 전기의 형태로 주어 우리 일상을 풍요롭게 만들어 줍니다.

옛날 사람들은 전기와 자기는 완전히 별개라고 생각했습니다. 그런데 과학자들이 전기와 자기를 더 깊이 연구하다 보니 자연스럽게 그 둘이 서로 밀접한 영향을 주고 있음을 알게 되었습니다. 전기로 자석을 만들고 자석으로 전기를 만들 수 있음을 알게 되면서 전자기학이란 분야가 탄생합니다.

전기를 가지고 자석을 만들 수 있습니다. 전기의 흐름을 전류라 하는데, 전류는 자석처럼 행동합니다. 전선으로 만든 코일에 전류를 흘리면 자석처럼 행동한다는 거죠. 이게 바로 전자석입니다. 전류를 넣었다 끊었다 하면 코일이 자석이 되기도 하고 자석의 성질을 잃기도 합니다. 요즘엔 영구자석보다 전자석을 더 많이 사용합니다.

반대로 자석을 이용해 전기를 만들 수도 있습니다. 이게 바로 발전기의 원리인 거죠. 발전기 속엔 보통 거대한 자석이 서로 다른 두 극을 마주 보며 배치됩니다. 두 자석 사이에 전선을 감은 코일을 놓고 돌리면 전기가 만들어집니다. 이 원리를 바탕으로 거대한 코일을 돌리는 데 물을 이용하면 수력발전소, 원자력을 이용해서 증기를 만들고 증기 터빈을 돌리면 원자력발전소, 석탄이나 가스를 떼서 만든 증기로 돌리면 화력발전소가 됩니다. 이렇게 편리한 생활을 할 수 있게 된 것은 대략 200년 전에 이 원리를 발견한 마이클 패러데이라는 물리학자 덕입니다.

이처럼 전기가 자기를 만들고 자기가 전기를 만드는 과정이 반복적으로 일어나면 일종의 순환이라 볼 수 있습니다. 이를 통해 전자기파동이 발생합니다.

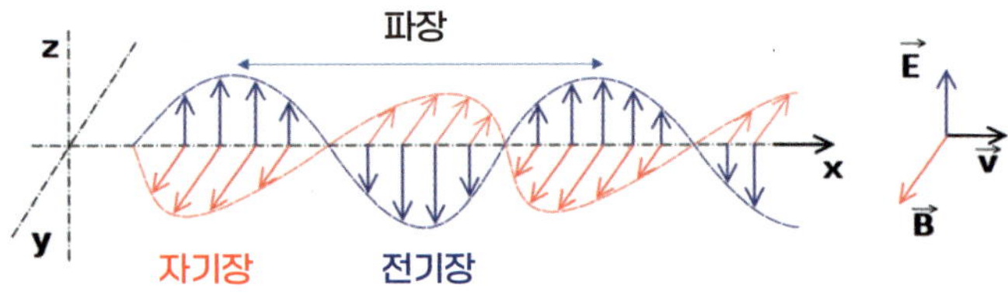


위 그림에서 빨간색이 전기고 파란색이 자기라고 한다면 빨간색은 파란색을 유도하고 파란색은 빨간색을 유도합니다. 서로 춤을 추듯 움직이며 파동의 흐름을 만들어 냅니다. 무언가 진동을 하면서 에너지를 전달하는 것을 파동이라고 하는데, 전자기파도 마찬가지입니다. 전자기파에 속하는 빛 또한 그렇습니다. 빛도 전기와 자기가 함께 진동하면서 에너지를 전달합니다.

파동은 한 번 진동하면서 진행하는 거리인 파장으로 분류할 수 있습니다. 사람으로 비유하면 보폭과 같은 것인데, 보폭이 크면 어른, 중간이면 청소년, 작으면 어린이, 이런 식으로 나눌 수 있듯이 전자기파도 마찬가지입니다. 파장이 제일 큰 쪽에 전파가 있고 파장을 점점 줄이면 전자레인지에 사용하는 마이크로파, 여러분의 몸에서도 방출되는 적외선, 눈에 보이는 가시광선, 이보다 파장을 더 줄이면 자외선, X선, 감마선의 순으로 배열됩니다. 이 다양한 전자기파 중 사람은 신기하게 빛, 즉 가시광선만 볼 수 있습니다.

초기 인류는 태양 빛에 의지해 살았지만, 이후 무언가를 태워도 빛을 얻을 수 있다는 걸 알게 되었습니다. 횃불, 모닥불, 양초, 기름램프, 가스램프 모두 무언가를 태우는 연소 과정에서 나오는 빛을 이용하는 거죠. 요즘은 전기로 빛을 얻는 다양한 램프가 있습니다. 전통적으로 백열등, 형광등이 사용되었고, 최근에는 반도체 광원인 발광다이오드, 즉 LED가 많이 사용됩니다. 다양한 색깔을 내는 LED는 다양한 분야에서 광범위하게 활용되고 있습니다.

빛을 이용하는 대표적인 기술은 디스플레이입니다. 뻘간색, 녹색, 파란색 삼원색의 빛을 섞으면 흰색 빛이 됩니다. 이 빛의 삼원색을 교대로 적절히 섞어 주며 다양한 색깔을 만들어 낼 수 있습니다. 이걸 바탕으로 디스플레이의 화소를 표현하기도 합니다. 하나의 화소 속에는 세 종류의 영역이 있는데, 이 세 영역에서 각각 빨간색, 녹색, 파란색 등 빛의 삼원색이 나옵니다. 이런 화소 수백만 개가 결합되어 여러분이 사용하는 휴대폰 화면이 되는 것입니다.

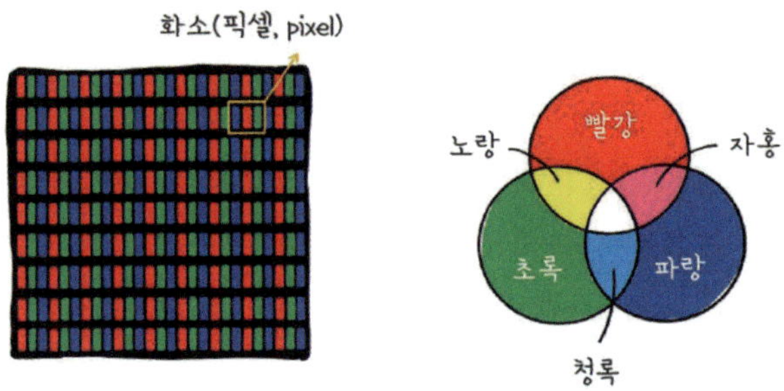


　　빛을 이용하는 또 다른 대표적인 기술로는 광케이블이 있습니다. 수도관이 물을 전달하듯이 광케이블은 빛을 전달합니다. 광케이블은 전 세계 바닷속에 엄청난 양이 깔려 있어 각 대륙을 연결합니다. 현대의 디지털 정보는 이진수로 전달됩니다. 우리가 보통 사용하는 십진수에는 0부터 9까지 모두 열 개의 숫자가 사용되지만 이진수 체계에선 0과 1만 사용합니다. 빛을 켜면 1, 빛을 끄면 0에 대응시킬 수 있겠죠. 실제 광케이블에서는 눈에 보이는 가시광선 대신 눈에 보이지 않는 적외선을 사용합니다. 이 적외선의 점멸을 통해 끊임없이 정보들을 전달해 주는 인터넷뿐만 아니라 전화의 음성 신호도 전달하는 것입니다.

　고전역학이나 전자기학과 같은 전통적인 물리학은 현대 문명이 만들어지는 데 있어 중요한 역할을 했습니다. 그렇지만 무엇보다 현대 문명은 양자역학이 만든 문명입니다. 양자역학은 원자나 분자처럼 작은 미시 세계를 탐구하는 학문입니다. 가령 원자들이 왜 저마다 독특한 빛만 내는지도 양자역학을 통해 알게 되었습니다. 게다가 양자역학 덕분에 반도체를 이해할 수 있게 되었고 여러분이 매일 사용하는 전자기기, 정보 통신 기술이 가능해지게 된 것입니다. 아마도 양자역학이 없었다면 우린 중세 시대나 조선 시대의 기술 수준에서 크게 전진하지 못했을 것입니다.

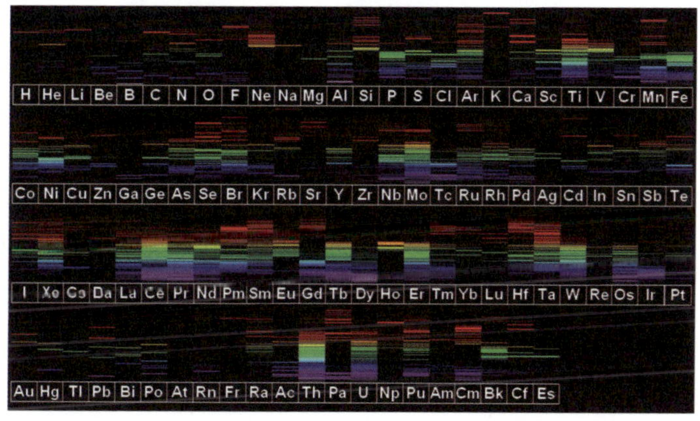

　양자역학은 이공계의 다양한 학문 분야를 이해하는 데 매우 중요한 기본 학문이며, 우리의 삶 자체가 양자역학으로 탄생한 다양한 문명의 이기들의 도움을 받고 있습니다.

　예를 들어, 텔레비전의 종류 중에 QLED TV란 제품군이 있습니다. LED는 위에서 얘기한 발광다이오드입니다. 그 앞의 Q는 양자점 quantum dot 이라는 나노 반도체를 의미합니다. 크기가 대략 10억분의 1미터 정도에 불과한, 눈에는 보이지도 않는 엄청나게 작은 구형의 반도체입니다. 이 나노 반도체는 양자역학의 원리에 의해서 크기에 따라 다른 빛을 냅니다. 크기가 작으면 파란색, 중간이면 녹색, 크면 빨간색 빛을 냅니다. 이 양자점을 활용한 디스플레이가 QLED입니다.

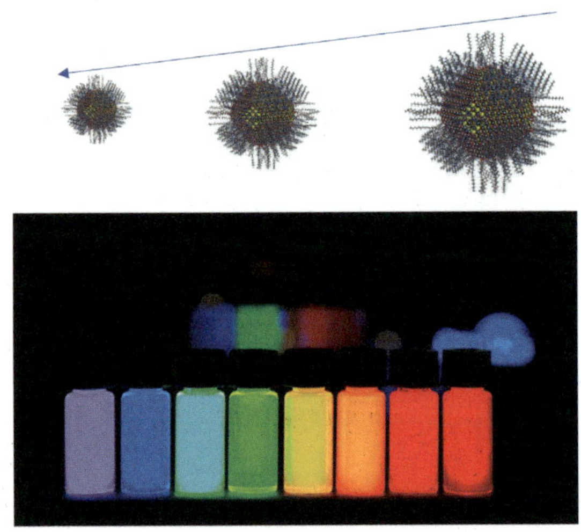

우리가 매일 보는 스마트폰의 화면에도 양자역학이 숨어 있습니다. 스마트폰 스크린은 보통 OLED라는 디스플레이가 사용되는데 여기서 O는 유기$^{organic}$의 약자입니다. 즉 스마트폰의 화소에는 빛을 내는 유기물, 유기 분자가 들어 있습니다. 양자역학을 이용해 이러한 유기 물질이 내는 빛의 색깔이나 특성을 조절할 수 있습니다. 그 빛을 조합하여 디스플레이를 만드는 것이죠. 게다가 휴대폰 뒤편에 숨어 있는 수백만 개의 트랜지스터도 모두 양자역학에 기반해 만들어지는 것이니, 양자역학의 결정판이라 부를 수 있습니다.

우리 과학에는 크게 기초과학과 응용과학이 있습니다. 기초과학의 예는 수학, 물리학, 화학, 지구과학, 천문학, 생물학 등이고, 응용과학은 공학이라고 불리며, 전자공학, 기계공학, 화학공학, 산업공학, 반도체공학 등이 있습니다.

스티븐 호킹은 블랙홀을 포함하여 우주의 진화, 양자역학 같은 미시 세계를 연구한 학자입니다. 또 다른 학자 아인슈타인은 순수 물리학자로 유명합니다. 여기서 순수물리란 말 그대로 우주나 자연에 어떤 원리가 있어서 어떻게 돌아가는지 연구하는 분야라고 볼 수 있습니다. 그렇다 보니 어떤 연구에는 많은 돈이 들어가기도 합니다. 하나의 예로 유럽에 설치되어 있는 LHC$^{대형 강입자 충돌기}$라 불리는 입자 가속기가 있습니다. 땅속 대략 100미터 지점에 둘레 길이가 무려 27킬로미터짜리인 이 가속기를 설치하는 데 무려 약 12조 원이 투입되었다고 합니다. 이 지상 최대의 실험 장치를 통해서 우주를 구성하는 근본적인 입자 중 힉스 입자에 대한 발견이 이루어졌습니다.

하지만 물리학이 순수히 자연의 원리를 발견하는 기초과학의 모습만을 보이진 않습니다. 오히려 물리학의 산업적 응용을 다루는 응용물리학에 대한 수요가 굉장히 높습니다. 요즘은 첨단 산업 기술 분야에 대한 관심이 높습니다. 이 분야에서 물리학 전공자가 정말 필요할까요? 당연합니다. 19세기에 산업 혁명, 20세기 중반에는 컴퓨터와 인터넷을 기반으로 정보통신 혁명이 일어났습니다. 20세기를 지나 현재는 인공 지능 시대로, 모두가 정보로 연결되어 있고 그 정보를 인공 지능을 통해 다루는 시대라고 볼 수 있습니다. 그러한 정보통신 혁명, 인공 지능 혁명의 기반에는 반도체 기술이 자리 잡고 있습니다.

트랜지스터는 전기의 연결 유무로 정보를 전달하는 일종의 스위치와 같은 칩입니다. 반도체 기술이 발전하면서 똑같은 면적에 넣을 수 있는 트랜지스터의 개수가 대폭 늘어나게 되었습니다. 트랜지스터의 집적도 향상을 통한 반도체 소자의 혁명이 없었다면 오늘날 우리가 누리는 정보통신 문명, 인공 지능 기술이 존재하지 않았을 겁니다. 그 트랜지스터를 발명한 사람들이 바로 물리학자들이었습니다. 한국 경제를 뒷받침하는 반도체 산업을 일구었던 주역 중 상당수 역시 물리학 전공자들이었죠. 결국 물리학은 산업적 응용의 가장 기초를 이루는 기반이라고 볼 수 있습니다.

# 일상생활 속 물리학

우리는 친구 관계에서도 상대의 성격에 따라 대하는 것이 다르지 않나요? 장난을 잘 받아 주는 친구에게는 계속 장난을 치며 놀게 되고, 까칠하거나 무뚝뚝한 친구에게는 상대적으로 더 조심하게 되죠. 마찬가지로 자연을 연구하는 것도 비슷합니다. 연구 대상에 어떠한 자극을 줘 보고 그 반응을 분석하는 게 실험을 하는 기본 방식입니다. 무언가가 신기한 현상을 보일 때 거기에 살짝 자극을 주면서 어떻게 움직이는지, 혹은 어떻게 반응하는지를 분석해 보편적 법칙을 찾는 것이 물리학입니다. 사실상 물리학이 없다면 우리는 원시 시대나 중세 시대로 돌아가게 되는 거나 마찬가지입니다.

# 물리학과의 진로 방향

물리 공부에 필요한 역량이 있다면 어떤 것들이 있을까요? 문해력, 호기심 그리고 체력을 꼽을 수 있습니다.

먼저 과학을 어려워하는 학생들이 많은데, 요즘은 쉽게 설명해 주는 영상들이 많습니다. 하지만 영상을 보는 것과 책을 읽는 것은 다른 경험입니다. 무엇이 맞고 무엇이 틀렸다가 아니라 영상을 보면서 경험하고 얻는 지식이 있고 책으로써 얻을 수 있는 지식이 있습니다. 둘은 다른 영역이라고 보는 게 좋겠습니다. 영상으로 쉽게 접하다가 책으로 지식을 쌓으려고 한다면 더 어렵게 느끼게 됩니다. 영상으로 관심 있는 주제들을 파악하고 책을 통해 더 깊이 있게 학습하는 습관을 들이면 대학에 들어가 전공 공부를 할 때 큰 도움이 됩니다. 그리고 동아리 활동은 생활기록부를 위해서가 아니라 진짜 궁금증과 호기심을 가지고 활동하는 게 중요합니다. 동아리 활동을 하면서 여러 경연 대회 등에 참여하는 것, 이를 통해 다른 친구들과 협동하는 경험, 발표를 준비하고 직접 발표를 하는 경험도 도움이 됩니다. 마지막으로, 전국의 여러 대학이 고등학생을 초대하여 전공 수업을 미리 체험해 볼 수 있는 프로그램을 진행하고 있습니다. 이 또한 직접 경험해 볼 수 있으니 추천할 만한 활동입니다.

물리학에서 배운 걸 바탕으로 돈을 벌 수 있다는 거 알고 있었나요? 어떤 물리학자들은 물리학을 경제 금융 분야에 적용해 이익을 내기도 합니다. 응용물리를 전공하면 첨단 산업계뿐만 아니라 물리학 이론을 적용할 수 있는 금융 분야로도 진출할 수 있습니다. 물리학을 전공해 진출할 수 있는 또 다른 분야로는 교직이 있습니다. 결국 산업계에 활용되는 온갖 분야들뿐만 아니라 사회, 경제, 교육 분야까지 다양한 분야로 진출할 수 있다고 볼 수 있습니다.

마지막으로 전공 관련 기업체들로 진출합니다. 기업체 또는 국가연구소, 국방과학연구소, 한국표준과학연구원 등 다양합니다.

물리학에 대한 정보는 '한국물리학회'라는, 물리학 분야를 주도하는 학회 사이트에 들어가면 물리학을 연구하는 사람들이 어떤 연구를 하는지, 세부적으로 어떤 학과가 있는지에 대한 여러 가지 정보를 얻을 수 있습니다.

***

　사실 물리학은 여느 공학과는 다르게 호기심에서 출발하는 학문입니다. 사물이 움직이는 원리가 궁금하고 하늘이 왜 파란지 궁금하고 인공위성은 왜 떨어지지 않은 채 지구 주위를 도는지 궁금하다면 물리학이 재미있을 겁니다. 이를 통해 인류는 자연을 이루는 재료들을 이해할 수 있었고 우주의 진화 과정을 밝힐 수 있었습니다. 그 과정에서 물리학이 인류의 삶을 풍요롭게 만들어 줄 수 있다는 점도 깨닫게 되었습니다. 뉴턴의 역학을 통해 인공위성을 정밀하게 발사하고 제어할 수 있고, 소재의 이해를 통해 산업의 쌀이라 할 반도체 소자를 만들 수 있었습니다. 여러분이 매일 사용하는 디스플레이, 각종 첨단 기기에는 물리학자들이 흘린 땀이 배어 있습니다.

　결국 자연과 우주를 이해하는 학문이면서 각종 첨단 산업과 기술의 개발에도 필수적인 학문이 물리학입니다. 이런 면에서 산업체에서도 물리학 전공자들을 선호하고 물리학과 졸업생들의 취업률도 높습니다. 인구가 줄어드는 한국이 발전하기 위해서는 첨단 기술의 개발과 이를 통한 산업 발전이 필수적입니다. 그 선두에 물리학이 있습니다. 여러분들의 패기와 역량을 물리학이란 전공 속에서 마음껏 펼쳐 보세요.

# 9장

# 컴퓨터공학

컴퓨팅 사고로 탄생한

지금의

스마트 기계들

노병희 교수

# computer engineering

---

**#소프트웨어개발자**

**#시스템엔지니어**

**#보안전문가**

**#IT융합연구소**

**#웹개발자**

# 컴퓨터란 무엇일까?

여러분들은 컴퓨터가 뭐라고 생각하시나요? 컴퓨터를 뜻하는 영어 computer는 '계산하다'라는 뜻의 단어 compute에서 나왔습니다. 쉽게 말해 컴퓨터는 계산기를 만드는 것부터 시작되었다고 볼 수 있습니다.

# 컴퓨터의 역사

계산 도구는 기원전 3000년경의 바빌로니아의 주판으로부터 시작되었다고 할 수 있습니다. 이후 1642년에 우리가 잘 아는 확률 이론의 창시자인 파스칼이 덧셈과 뺄셈이 가능한 기계식 계산기를 발명합니다. 이는 최초로 실용화된 기계식 계산기입니다. 주판은 주판알을 사람이 다 작동시켜야 하는데, 파스칼의 계산기는 숫자만 입력하면 기계가 자동으로 덧셈과 뺄셈을 해서 결과를 보여 줍니다. 이는 톱니바퀴의 원리를 사용하여 구현한 것으로, 사용자가 각 자리 숫자의 다이얼을 돌려 입력하면 이에 해당하는 톱니가 우측과 좌측으로 회전하면서 각각 덧셈과 뺄셈을 합니다.

파스칼의 계산기

1673년, 라이프니츠가 여기에 곱셈과 나눗셈도 가능한 계산기를 발명하여 제시합니다. 라이프니츠는 미적분학을 개발하고 현대 컴퓨터의 기본 개념인 0과 1을 사용하는 이진법을 제안한 사람입니다.

예를 들어 34×5를 계산할 경우는, 34를 파스칼 계산기처럼 다이얼을 돌려서 나타내고, 여기에 또 다른 다이얼을 5번 회전시켜 34를 5번 더하게 됩니다. 나눗셈은 빼기 연산을 반복하는데, 단순한

빼기가 아니라 현대 컴퓨터에서 사용하는 뺄셈 기반의 나눗셈 계산
방법을 사용합니다. 이와 같이 파스칼이나 라이프니츠의 계산기들
은 수학적 기반에서 만들어졌다고 할 수 있습니다.

라이프니츠의 계산기

　기계식 계산기들은 특정 계산만 수행하므로 현재의 컴퓨터와 비
교하면 매우 단순합니다. 어떤 계산이든 수행 가능하고, 조건문, 반
복문, 알고리즘 등 현대 컴퓨터에서의 동작을 수행할 수 있는 모델
인 '튜링 머신'을 앨런 튜링이 1936년도에 제안합니다. 튜링 머신
은 실제로 만들어진 것은 아니고, 컴퓨터가 이렇게 동작하면 된다
고 알려 주는 개념입니다. 현대 컴퓨터가 어떻게 문제를 풀어 계산
하면 되는가를 설명해 주는 '아주 똑똑한 기계'에 대한 생각이라고
할 수 있습니다. 이러한 생각이 현대 컴퓨터를 만들게 되는 기본이
된 것입니다.

튜링 머신은 3개의 기본 구성으로 되어 있는데, 이것이 현재 컴퓨터의 기본 요소들과 일치합니다.

첫째, 숫자나 글자가 기록되는 길고 긴 종이 테이프는 현재 컴퓨터의 메모리에 해당합니다. 둘째, 종이 테이프에 있는 내용을 읽고 쓰는 기계는 현재 컴퓨터의 CPU에 해당합니다. 셋째, 기계가 어떻게 동작할지를 알려 주는 규칙표입니다. 이는 현재 컴퓨터의 프로그램 또는 소프트웨어에 해당합니다.

1946년경에는 최초의 범용 전자식 컴퓨터인 애니악이 만들어집니다. 애니악은 큰 건물의 한 층을 다 차지할 정도로 크게 만들어졌습니다. 우리가 사용하는 태블릿처럼 손에 잡히는 것은 상상할 수 없을 정도입니다. 그런데 애니악은 프로그램을 동작시키려면 여러 전자 장치를 선으로 일일이 연결시켜야 하기 때문에 동작시키기가 매우 힘들었습니다. 이렇게 사용하다 보니 여러 가지 오류, 흔히 버그라고 하는 것들이 발생했고 불편함을 느끼기 시작했습니다. 이러한 문제를 해결하기 위하여 당시에 유명한 학자였던 폰 노이만이 CPU와 메모리, 입력장치, 출력 장치와 연산 장치로 구성되는 '폰 노이만 구조'를 고안했고, 현재 컴퓨터는 모두 이 구조를 따라 만들어지게 되었습니다.

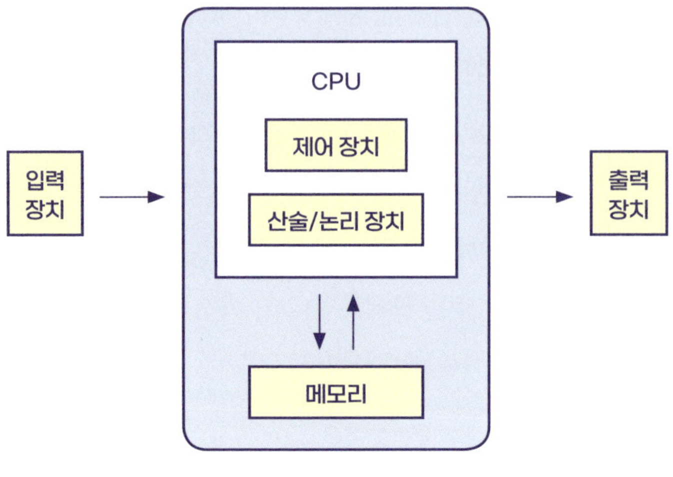



폰 노이만 구조

이후에 많은 변화가 생겼습니다. 컴퓨터의 크기가 점점 작아지더니 개인용 데스크톱 컴퓨터가 만들어지고, 노트북과 태블릿과 같이 들고 다닐 수 있게 되었고, 스마트폰도 등장했습니다. 동시에 컴퓨터가 수행하는 능력도 더 빨라지고 많아지면서, 계산은 물론, 화상 통화, 영화 감상, 게임, 문서 작업, 우주여행을 위한 모든 작업들을 컴퓨터로 다 할 수 있게 되었습니다.

혹시 '사물인터넷'이라는 말을 들어보셨나요? IoT라고도 합니다. 사물인터넷이란 센서와 통신 장치가 부착된 사물들이 인터넷으로 연결되어 자료나 정보를 통신할 수 있는 기술 또는 환경을 말합니다. 사람의 개입 없이도 사물과 사물이 서로 정보를 주고받으며 해야 할 일을 하죠. 불과 몇 년 전까지만 해도 사람들은 버스가 정류장에 언제 도착할지 모른 채 기다렸습니다. 하지만 이제는 도착 예정 시간 안내 서비스를 활용해 도착 예정 시간뿐만 아니라 버스 내 혼잡 정도까지 알 수 있게 되었습니다. 또한 스마트폰으로 집 밖에서 냉장고 내부를 확인하거나 가전제품의 전원을 손쉽게 제어할 수 있습니다. 여기에 인공 지능도 컴퓨터를 사용하여 구현되면서, 우리 세상은 빠른 속도로 변화되고 있으며 상상이 현실로 다가오고 있습니다.

상상만 하던 일들이 현재 우리 일상생활 속에서 너무 당연스럽게 이용되고 있으며, 이는 앞으로 마주할 미래에도 많은 변화가 생길 거라고 생각합니다. 컴퓨터가 없는 생활은 상상할 수 없게 되었습니다.

# 컴퓨팅 사고란 무엇인가

생각의 차이가 생활에서 많은 차이를 나타내는 것을 자주 봤을 겁니다. 어떤 일을 할 때, 효과적으로 빠르게 할 수 있느냐는 어떻게 머리를 써서 어떤 방법을 사용하느냐에 따라 달라집니다.

컴퓨터도 마찬가지로, 컴퓨터를 동작시켜서 원하는 결과를 효과적으로 빠르게 구하기 위하여 어떻게 동작시켜야 할까 하는 생각이 필요합니다. 이렇게 컴퓨터가 효과적으로 수행할 수 있도록 컴퓨터가 무엇을 어떤 식으로 해야 할지를 사람이 생각하여 실행시키는 과정을 '컴퓨팅 사고Computational Thinking'라고 합니다.

컴퓨팅 사고는 복잡한 문제를 작은 단위로 나누는 '문제 분해', 문제 속에서 반복되는 규칙과 공통점을 찾는 '패턴 인식', 핵심 정보에 집중하고 불필요한 정보를 제거하는 '추상화', 그리고 해결 방법을 논리적인 순서로 구성하는 '알고리즘 설계' 단계로 이루어집니다.

이것을 어떤 식당에서 손님이 햄치즈 샌드위치와 베이컨 샌드위치를 1개씩 주문하였고, 주방에서 이것을 만들어 손님에게 서비스하는 문제에 적용해 보겠습니다.

우선, 샌드위치가 어떻게 만들어질까를 생각해서 단계를 나누어 봅니다. 아래 빵 준비, 소스 바르기, 햄치즈 또는 베이컨 재료 넣기, 그리고 위 빵 덮기의 과정으로 나눌 수 있습니다(문제 분해). 아래 빵, 소스, 위 빵의 공통점과 주문한 메뉴에 따른 재료의 차이점이 보입니다(패턴 인식). 재료들을 올리는 순서가 중요하고, 재료의 브랜드, 원산지 등은 필요한 정보가 아님을 이해합니다(추상화). 마지막으로, 공통 제조 과정에서 햄치즈 샌드위치는 재료에 '햄과 치즈'을 넣고, 베이컨 샌드위치에는 재료에 '베이컨'을 넣는다는 해결 방법을 만들어 냅니다(알고리즘 설계).

우리가 수학 문제를 풀 때도 동일한 과정을 거칩니다. 단원 하나를 배우고 공식을 습득하면 거기서 문제의 패턴을 읽을 수 있게 되고 다른 문제에도 적용할 수 있도록 반복적으로 생각을 하죠.

컴퓨터 공학의 핵심은 컴퓨터처럼 사고하는 능력, 곧 컴퓨팅 사고를 키우고 이를 이용해서 내가 원하는 것을 만들어 내는 것입니다. 컴퓨터를 이용해서 과정 반복을 최소화시켜 시간을 단축하고 완성도를 높이는 게 가장 중요합니다.

컴퓨팅 사고가 세상을 얼마나 변화시켰는지를 볼 수 있는 사례로 스티브 잡스를 들 수 있습니다. 잘 아는 바와 같이 우리가 사용하는 현재의 스마트폰을 처음으로 발표한 사람은 스티브 잡스입니다. 이전에는 컴퓨터는 컴퓨터대로, 전화는 전화대로 너무 복잡하게 따로 사용해야 하고, 옮겨 다니면서 사용하기도 어려웠습니다. 이때 스티브 잡스는 "사용의 불편을 해소해 보자!", "어려운 기술들을 쉽게 사용하게 해 보자!" 그리고 "사람들이 원하는 것들을 모두 제공해 주자!"라는 생각을 했습니다.

그는 곧바로 사람들이 원하는 것들을 나열해 봤습니다. 이동하면서 전화와 컴퓨터도 사용하려니 이동통신과 인터넷 접속도 필요하고, 쉽게 사용하려면 작아져야 되고, 사람들이 원하는 것들을 제공해야 하는 등의 문제들이 나열되었습니다(문제 분해). 문제들의 연관성을 찾아보니, 무선으로 인터넷 접속을 손쉽게 할 수 있는 기술은 무선랜, 쉽게 사용하게 하려면 터치식 스크린, 이동하면서 사용하려면 손안에 들어가는 크기, 아이팟에서처럼 멀티미디어 기능 추가 등 공통된 요구를 찾을 수 있었습니다(패턴 인식). 아이폰이 작아지니 기존의 컴퓨터처럼 모니터나 키보드는 사용할 수 없으니 홈 버튼만 유지하고, 복잡하게 보일 수는 없으니 직관적인 아이콘 중심의 배열과 손 터치로만 사용 가능한 그래픽 사용자 인터페이스 등 필요 핵심 기능만 남기고, 불필요한 요소들을 제거합니다(추상화). 그리고 이를 기반으로 한 아이폰 하드웨어를 설계하고, 사용자를 위한 메뉴와 소프트웨어 설계 등을 하였습니다(알고리즘 설계).

아이폰이 이렇게 체계적인 컴퓨팅 사고를 통하여 이루어졌고, 이후 우리가 편하게 사용할 수 있는 스마트폰들이 나오게 된 것입니다. 아이폰만 만들었으면 그냥 기계 하나 새로 만든 것으로 끝날 수도 있었을 것입니다. 그러나 스티브 잡스는 누구나 앱을 만들고 이를 많은 사람들이 사용할 수 있었으면 좋겠다는 생각에 컴퓨팅 사고적인 접근 방법을 더해 앱 스토어를 만들어 냅니다. 이것으로 스마트폰 혁명이 일어나고, 세상과 기술의 혁신이 이루어지게 된 것입니다.

# 컴퓨터공학의 목적

컴퓨터공학의 핵심은 컴퓨터를 이해하고, 컴퓨터처럼 사고하는 능력을 키워서 컴퓨팅 사고를 기반으로 사람들이 원하는 것을 만들어 내는 것입니다.

컴퓨터공학은 컴퓨터를 위한 더 좋은 하드웨어(기계)와 소프트웨어(프로그램)을 만들고 발전시키는 것이 목표입니다. 그렇다고 컴퓨터공학이 단순히 기술만 발전시키는 것은 아닙니다. 사람들이 원하는 것을 해결하고 제공해 줌으로써 우리기 살아기는 깃을 윤덱하게 하는 깃입니다. 인공 지능, 5G/6G의 초고속 인터넷, 사물인터넷과 같이 우리의 삶에 매우 유용한 기술과 환경을 만들어 내는 것이 컴퓨터공학의 목적입니다.

이제는 컴퓨터를 사용하지 않고는 아무것도 제대로 할 수 없는 시대가 되어 가고 있습니다. 컴퓨터 외의 다른 공학, 자연, 의료, 인문사회 등 모든 분야의 발전을 촉진하는 기반을 제공하는 것도 컴퓨터공학에서 함께 추구하는 목표입니다.

# 컴퓨터공학과에서는 무엇을 배우는가

우리는 요즘 과거에는 볼 수 없었던 매우 많은 새로운 기술들을 경험하면서 생활하고 있습니다. 게임, 워드프로세서, 인터넷, 가상 현실, 증강 현실, 자율 주행, 인공 지능 등 이 모든 것들이 크고 작은 컴퓨터를 사용하여 실행됩니다. 초기의 열차, 자동차들은 모두 기계로 만들어져 연료가 들어가면 사람이 운전해야 했습니다. 그러나 이들은 껍데기를 제외한 내부는 모두 컴퓨터로 구성된 커다란 컴퓨터 장치로 변하고 있습니다. 대학의 컴퓨터공학과(또는 소프트웨어학과)에서는 이러한 컴퓨터 장치와 이를 동작시키는 소프트웨어(프로그램)를 개발할 수 있는 기반 지식과 능력들을 배우게 됩니다. 이렇게 대학에서 배운 지식은 회사에 가서 다양한 장치나 소프트웨어를 개발할 때 큰 역할을 하게 됩니다.

그렇다고 대학교 컴퓨터공학과에 입학하면 컴퓨터나 소프트웨어에 관한 것만 배우는 건 아닙니다. 1학년 때는 수학, 물리 등 공학의 기초가 되는 과목들을 배웁니다. 대부분 2학년부터 전공에 관련된 과목을 집중적으로 배웁니다.

가장 우선하여 배우는 것이 프로그래밍 언어입니다. 사람과 컴퓨터는 생각하는 방식이 다릅니다. 쉽게 말해 사람은 아날로그고 컴퓨터는 디지털입니다. 컴퓨터를 통해 일을 처리하고자 하려면 컴퓨터와 대화할 수단이 필요한데, 이 수단이 바로 프로그래밍 언어입니다. 우리가 나라별 여러 언어가 있듯이 컴퓨터 프로그래밍 언어도 다양하게 존재합니다. 이들 중 기본적인 프로그래밍 언어들을 선별해서 배우고, 이를 사용하여 컴퓨터를 활용하는 방법을 배웁니다. 사람과 달리 컴퓨터는 1과 0의 디지털 정보로 모든 것을 처리하므로, 컴퓨터를 위한 수학인 이산 수학을 배웁니다. 그리고 컴퓨터가 이해할 수 있게 자료를 어떻게 만들고, 저장하고 관리하는가와 관련한 자료 구조를 배웁니다. 이들은 모두 프로그래밍을 효과적으로 하는 데 필수적으로 필요한 것들입니다. 그리고 컴퓨터 구조 등 컴퓨터가 동작하는 하드웨어 원리를 이해하는 과목들과 운영 체제 등 윈도우즈와 같이 컴퓨터 내에서 실제 프로그램들을 실행시키는

데 필요한 내용을 배웁니다.

고학년으로 올라가면, 컴퓨팅 사고를 실현시키기 위한 알고리즘, 소프트웨어 공학 등 고급 소프트웨어 개발 방법론도 배웁니다. 인터넷 네트워크와 보안 내용도 폭넓게 배웁니다. 인공 지능의 중요성이 커짐에 따라, 인공 지능 입문에서부터 인공 지능의 원리와 활용과 관련한 내용들도 심도 있게 배웁니다.

물론 컴퓨터공학에서의 과목들은 이론만 익히면 소용이 없습니다. 배운 것들을 실제로 프로그래밍해서 컴퓨터에 적용시켜 보면서 응용하는 능력을 키워야 합니다. 이를 위하여 실제 시스템이나 소프트웨어를 구현하는 프로젝트 과목들을 수행하게 됩니다.

# 컴퓨터학과에 필요한 역량

컴퓨터학과에 들어가려면 어떤 역량이 필요할까요?

첫째, 프로그래밍에 대한 관심을 일찍부터 꾸준히 갖는 게 필요합니다. 마이크로소프트를 창업한 빌 게이츠는 13세부터 프로그래밍을 시작했다고 합니다. 애플 아이폰을 만든 스티브 잡스와 메타(

구 페이스북)를 만든 마크 저커버그는 모두 12세에 시작했습니다. 테슬라의 일론 머스크, 아마존과 구글 창업자들도 모두 어린 나이부터 프로그래밍을 학습하였습니다. 프로그래밍을 통하여 컴퓨팅 사고를 자연스럽게 익히게 되었고, 이후 이들이 혁신적인 기업을 창업하는 데 활용되었다고 합니다

둘째, 언어 소통 능력이 중요합니다. 컴퓨터 시스템이나 소프트웨어가 점점 복잡해지면서, 이제는 여러 사람들과 회사들이 협력하여 만들어야 합니다. 서로의 생각을 명확하게 전달하지 못한다면 진행에 큰 문제가 발생할 수 있습니다. 그렇기 때문에 언어적인 소통 능력과 팀워크를 위한 협동 능력도 키우는 것이 필요합니다.

셋째, 끈기와 인내심을 갖추면 좋습니다. 우리가 다른 나라 사람과 대화하려면 외국어와 외국의 문화를 배워야 합니다. 마찬가지로 컴퓨터와 대화하려면 프로그래밍 언어와 프로그래밍에 필요한 여러 가지를 배워야 합니다. 이것도 시간이 많이 걸리고 어려울 수도 있습니다. 하지만 이 또한 끈기와 인내를 갖고 수행하면 멋진 소프트웨어 개발자와 컴퓨터 공학사가 되어 있을 것입니다.

컴퓨터로 할 수 있는 일은 무궁무진하므로 상상력을 필요로 합니다. 스티브 잡스는 존재하지 않던 스마트폰을 상상하고 개발하였

고, 일론 머스크는 전기차와 우주여행을 현실화했습니다. 이와 같
이 상상력은 컴퓨터공학에서 매우 필요한 요소입니다. 상상력을 높
이기 위하여, 많은 책들을 읽는 것도 좋은 방법이 될 수 있습니다.
그리고 다양한 경험을 하는 것이 좋습니다. 컴퓨터공학뿐만이 아니
라, 다른 분야들에 대한 지식도 갖추면 많은 도움이 됩니다. 마지막
으로 한 가지 덧붙인다면 창의적인 질문을 하려는 노력을 해 보면
좋을 것입니다.

# 컴퓨터공학과의 진로

21세기 첨단 정보화 시대를 선도하는 컴퓨터공학과의 진로는 다
양합니다. 소프트웨어 개발자, 시스템 엔지니어, 웹 마스터 및 프로
그래머, 보안 전문가, 네트워크 관리자, 데이터베이스 관리자, IT 융
합 및 연구소 등이 있습니다.

누구나 다 아는 네이버, 카카오, 구글, 아마존, 애플 등 모두 컴퓨
터공학을 기반으로 하는 국내외의 유명한 회사들입니다. 이 회사들
은 컴퓨터공학을 기반으로 설립되었고, 수행하는 많은 일들이 컴퓨

터공학과 전공을 필요로 하고 있습니다.

유튜브, 페이스북과 같은 SNS, 쿠팡 등의 전자상거래, 뉴스 및 블로그 제공 회사들은 웹과 관련된 개발자들을 필요로 합니다. 특히 모바일과의 연계성이 더욱 중요해지고 있으며, 대부분의 주요 개발자들이 컴퓨터공학 전공자들입니다.

우리가 즐기는 모든 게임은 컴퓨터 시스템과 소프트웨어를 기반으로 제작됩니다. 게임을 개발하는 회사들은 프로그래머, 그래픽 엔지니어, AI 개발자 등 다양한 역할을 담당할 컴퓨터공학 전공자를 필요로 하고 있습니다. 게임 엔진, 네트워크 게임 설계, 가상 현실$^{VR}$ 및 증강 현실$^{AR}$ 기술 적용 등 컴퓨터공학의 활용 범위가 매우 넓습니다.


과거에는 "자동차는 엔진과 석유로 달린다."라고 했지만, 현재는 "자동차는 소프트웨어로 움직인다."라고 할 정도로 자동차 산업에서 컴퓨터와 소프트웨어의 중요성이 커지고 있습니다. 자율 주행 기술, 차량 내 인포테인먼트 시스템, 센서 및 네트워크 기술이 발전하면서 자동차 및 기계 제어 관련 회사들은 점점 더 많은 컴퓨터공학 전공자를 필요로 하고 있습니다.

삼성, LG, 인텔, 엔비디아 등 가전제품, 반도체, 인공 지능을 위한 GPU 제조 회사들에서, 하드웨어 개발 과정에서 컴퓨터공학의

역할은 매우 중요합니다. 반도체 칩이나 가전 하드웨어는 물론, 이
들을 구동시키거나 최적화시키는 데에 소프트웨어가 핵심 역할을
합니다.

## 컴퓨팅 사고에서
## 인공지능 사고로의 전환 필요

지금은 인공 지능이 모든 분야에 활용될 정도로 인공 지능 시대
로 접어들고 있습니다. 인공 지능 시대 이전에는 앞에서 이야기한
컴퓨터처럼 사고하는 능력인 컴퓨팅 사고가 강조되었습니다. 컴퓨
팅 사고에서는 문제를 분석하고 해결할 수 있는 위한 방법을 사람
이 고안해 내야 합니다. 그리고 실행에서 문제가 있으면, 방법을 변
경해야 하는데 이것을 사람들이 합니다.

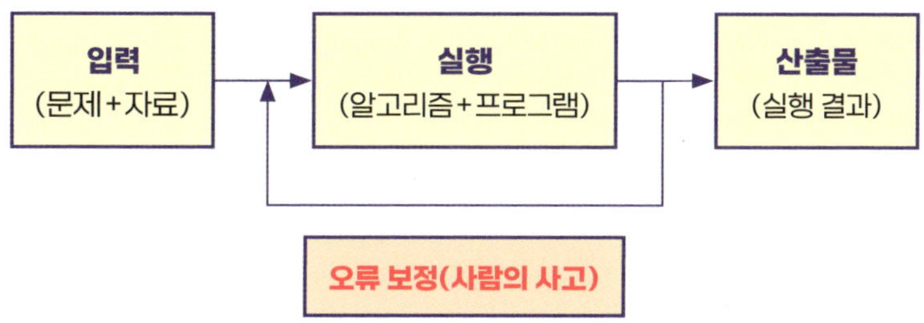


전통적인 컴퓨팅 사고에 의한 문제 해결 과정

인공 지능 사고[AI Thinking]는 데이터를 통해 기계[computer]가 스스로 문제 해결 방식을 학습하는 과정입니다. 과정은 유사하나, 문제 해결 방법을 사람이 만드는 대신에 기계가 자동으로 찾아내도록 하는 것이 큰 차이입니다. 인공 지능 학습을 위하여는 많은 문제와 예상 결과를 포함하는 데이터가 제공되어야 합니다. 이러한 데이터를 갖추는 것이 핵심적인 요소라고 할 수 있습니다.

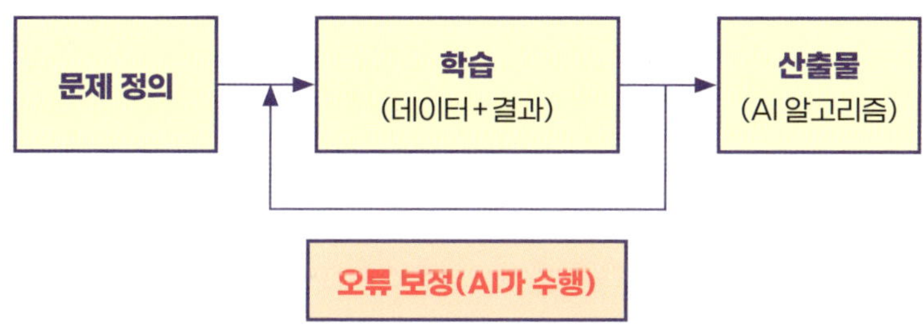


인공 지능 사고에 의한 문제 해결 과정

컴퓨팅 사고 없이 인공 지능 사고를 할 수는 없습니다. 컴퓨팅 사고를 통하여 문제 접근에 대한 논리적 사고를 해야 하고, 이를 인공 지능을 사용하여 문제를 풀도록 학습시키는 인공 지능 사고를 해야 합니다. 전통적인 문제 해결 방식으로는 복잡한 문제를 해결하기가 어려운 경우가 매우 많습니다. 인공 지능을 활용하면 문제를 더 효율적으로 빠르게 해결할 수 있습니다. 이를 위하여 인공 지능 사고가 필요하며 결과적으로 창의적인 혁신을 이룰 수 있습니다. 미래의 리더가 되기 위하여 컴퓨팅 사고와 더불어 인공 지능 사고를 익히는 것이 필요합니다.

❋ ❋

컴퓨터공학은 단순히 컴퓨터 하드웨어와 소프트웨어 개발에 국한되지 않고, 다양한 산업 분야에서 필수적인 역할을 수행합니다. IT 기업뿐만 아니라 자동차, 가전제품, 금융, 의료, 오락 등 거의 모든 산업에서 컴퓨터공학 전공자들을 필요로 하고, 많은 전공자들이 활약하고 있습니다. 컴퓨터공학을 전공하면 빠르게 변화하는 첨단 기술을 활용하여 다양한 분야에서 혁신적인 기여할 수 있는 기회를 얻게 됩니다.

최고 인기 학과 9곳의 전문가가
직접 들려주는 진로 탐색 가이드

# 열네 살 진로 학교

**초판 1쇄 발행** 2025년 4월 30일

**지은이** 김경집 외 9인
**펴낸이** 민혜영
**펴낸곳** 데이스타
**주소** 서울특별시 마포구 월드컵로14길 56, 3~5층
**전화** 02-303-5580 | **팩스** 02-2179-8768
**홈페이지** www.cassiopeiabook.com | **전자우편** editor@cassiopeiabook.com
**출판등록** 2012년 12월 27일 제2014-000277호





- 데이스타는 (주)카시오페아 출판사의 어린이·청소년 브랜드입니다.
- 잘못된 책은 구입하신 곳에서 바꿔 드립니다.
- 책값은 뒤표지에 있습니다.